創新思維案例

李 虹 主 編
艾 熙 副主編

崧燁文化

前　言

　　經過數年的實踐教學探索與經驗總結，編寫了這本集創新思維訓練啓蒙與創新思維訓練於一體的教材配套案例。本案例包括各個思維訓練維度的原理、方法與實踐訓練。一是探索創新思維過程，揭示創新思維本質，培養學生的創新意識，講清人人都能創新和事事都能創新原理性內容；二是對已經有的創新思維方法進行梳理，在《創新思維訓練　》這本教材的基礎上，增加了案例與思維游戲訓練的內容，實戰性地指導學生學習使用與掌握這些方法的訓練性內容；三是指導學生有意識地運用創新思維進行選擇、策劃、創意、設計和解決實際生活中的問題，進而提升其學習、生活和工作質量的應用性內容。

　　全書共分為 11 章，其中 1~8 章是對各個思維訓練點的基礎知識的介紹，第九章中設計有 10 套配套思維訓練題供師生訓練。本書將游戲的元素、機制與創新思維訓練方法、要點結合起來，發揮游戲激發動機、促進協作的優勢，提高學生的科學探究等高階思維能力，使游戲教學與學生個體探索性的娛樂創新活動融為一體，且具可操作性。本書編寫採取「思維自測自檢—知識點梳理—案例啓發—游戲體驗」四者結合的模式，介紹各類思維方法的基礎知識點，使學生更加理解和熟悉基礎知識點。

　　作為一本與創新思維訓練配套的案例教材，無疑應該提倡創新、鼓勵創新，甚至主張盡可能用創新的方法去分析和解決問題。當然，對當代社會的大多數問題而言，採用創新的方式去解決都是十分必要的，只是不能不顧實際約束條件而盲目追求創新，更不能為了創新而創新。本書由李虹編寫第一章至第七章，艾熙編寫第八章，李虹和艾熙共同編寫第九章到第十一章。

目 錄

第一章　創新思維概述 ……………………………………………（1）
　一、個性測試：果斷 ……………………………………………（1）
　二、創新思維知識點鞏固 ………………………………………（4）
　三、拓展閱讀啓發——中國 LED 在創新思維中再出發 ………（6）
　四、案例啓發 ……………………………………………………（7）
　五、創新思維游戲實戰體驗 ……………………………………（7）

第二章　發散思維訓練 ………………………………………（12）
　一、個性測試：魅力 ……………………………………………（12）
　二、發散思維知識點鞏固 ………………………………………（15）
　三、拓展閱讀啓發——杯子的 N 種銷售法 ……………………（17）
　四、案例啓發 ……………………………………………………（18）
　五、發散思維游戲實戰體驗 ……………………………………（20）

第三章　形象思維訓練 ………………………………………（25）
　一、個性測試：控制力 …………………………………………（25）
　二、形象思維知識點鞏固 ………………………………………（28）
　三、拓展閱讀啓發——伽利略的「力學第一定律」 ……………（30）
　四、案例啓發 ……………………………………………………（30）
　五、形象思維游戲實戰體驗 ……………………………………（31）

第四章　逆向思維訓練 ………………………………………（36）
　一、個性測試：決心 ……………………………………………（36）
　二、逆向思維知識點鞏固 ………………………………………（39）
　三、拓展閱讀啓發——蒙牛成名之路：「先建市場，再建工廠」 …（40）

1

四、案例啓發 ……………………………………………………（41）
　　五、逆向思維游戲實戰體驗 ………………………………………（42）

第五章　邏輯思維訓練 ………………………………………………（45）
　　一、個性測試：集體依賴性 ………………………………………（45）
　　二、邏輯思維知識點鞏固 …………………………………………（48）
　　三、拓展閱讀啓發——京東眾籌明星產品：「請出價」…………（50）
　　四、案例啓發 ………………………………………………………（51）
　　五、邏輯思維游戲實戰體驗 ………………………………………（52）

第六章　聯想類比創新思維訓練 ……………………………………（58）
　　一、個性測試：自我形象 …………………………………………（58）
　　二、聯想類比創新思維知識點鞏固 ………………………………（61）
　　三、拓展閱讀啓發——「三只松鼠」的品牌秘訣 ………………（63）
　　四、案例啓發 ………………………………………………………（64）
　　五、聯想類比創新思維游戲實戰體驗 ……………………………（65）

第七章　問題解決思維訓練 …………………………………………（69）
　　一、個性測試：遠見 ………………………………………………（69）
　　二、問題解決思維知識點鞏固 ……………………………………（72）
　　三、拓展閱讀啓發——如何實現性能與價格的雙重極致 ………（74）
　　四、案例啓發 ………………………………………………………（75）
　　五、問題解決思維游戲實戰體驗 …………………………………（76）

第八章　創新技法應用 ………………………………………………（81）
　　一、個性測試：靈感 ………………………………………………（81）
　　二、創新技法內涵與基本原則 ……………………………………（84）
　　三、創新技法的種類 ………………………………………………（85）

四、創新技法綜合應用 …………………………………………………（87）
　　五、創新技法應用游戲實戰體驗 ………………………………………（91）

第九章　綜合思維訓練實戰檢測 ………………………………………（96）
　　第一套　綜合思維訓練檢測 ……………………………………………（96）
　　第二套　綜合思維訓練檢測 ……………………………………………（100）
　　第三套　綜合思維訓練檢測 ……………………………………………（105）
　　第四套　綜合思維訓練檢測 ……………………………………………（109）
　　第五套　綜合思維訓練檢測 ……………………………………………（113）
　　第六套　綜合思維訓練檢測 ……………………………………………（118）
　　第七套　綜合思維訓練檢測 ……………………………………………（123）
　　第八套　綜合思維訓練檢測 ……………………………………………（127）
　　第九套　綜合思維訓練檢測 ……………………………………………（131）
　　第十套　綜合思維訓練檢測 ……………………………………………（136）

第十章　各章節游戲實戰答案 …………………………………………（141）
　　第一章游戲實戰答案 ……………………………………………………（141）
　　第二章游戲實戰答案 ……………………………………………………（143）
　　第三章游戲實戰答案 ……………………………………………………（146）
　　第四章游戲實戰答案 ……………………………………………………（148）
　　第五章游戲實戰答案 ……………………………………………………（151）
　　第六章游戲實戰答案 ……………………………………………………（155）
　　第七章游戲實戰答案 ……………………………………………………（158）
　　第八章游戲實戰答案 ……………………………………………………（160）

第十一章　綜合思維訓練實戰檢測答案 ………………………………（163）
　　第一套　綜合思維訓練檢測答案 ………………………………………（163）
　　第二套　綜合思維訓練檢測答案 ………………………………………（165）

第三套　綜合思維訓練檢測答案 …………………………………（167）

第四套　綜合思維訓練檢測答案 …………………………………（170）

第五套　綜合思維訓練檢測答案 …………………………………（171）

第六套　綜合思維訓練檢測答案 …………………………………（173）

第七套　綜合思維訓練檢測答案 …………………………………（175）

第八套　綜合思維訓練檢測答案 …………………………………（176）

第九套　綜合思維訓練檢測答案 …………………………………（178）

第十套　綜合思維訓練檢測答案 …………………………………（181）

第一章　創新思維概述

一、個性測試：果斷

一個害羞或腼腆的人似乎是不可能成為人們公認的天才，大多數天才在關鍵的時候總是非常善於表現自己。現在，用下邊的測試題評估你的果斷力。

1. 如果有人插隊，插在你的前邊，你會？
（1）大聲斥責他，直到他放棄。
（2）說：「對不起，請排在後邊。」
（3）默默忍受。
2. 如果一家商店的服務很差，你會？
（1）回家後給這家公司的 CEO 寫信，向他訴說自己的全部遭遇。
（2）與售貨員吵架。
（3）向自己的夥伴痛苦地傾訴，但是不投訴商店的員工。
3. 你取回要修補的東西，但是，回到家後你發現漏洞並沒有補上，你會？
（1）給修理鋪打電話，說明問題。
（2）自己補。
（3）來到修理鋪，要求見經理。
4. 在書店裡瀏覽圖書的時候，你發現某個人寫的書抄襲了你的作品，你會？
（1）不去管它，也許只是巧合。
（2）向律師諮詢。
（3）與作者聯繫，讓他給出解釋。
5. 在一個擁擠的商場，你設法想引起售貨員的注意，但是沒有人理會，你會？
（1）惱羞成怒，氣衝衝地離開。
（2）耐心等待，直到有人為你服務。
（3）小題大做，直到有人注意你。
6. 你去參加工作面試，你會？
（1）自信地說明你為什麼是最佳人選。
（2）描述自己的資歷，希望自己是最佳人選。
（3）看看候客廳裡的其他選手，希望你沒有打擾他們。
7. 你的孩子回到家裡抱怨說他被老師罵了，你會？
（1）告訴他不要在意，一切都會過去的。
（2）要求與老師見面，澄清事實。

（3）告訴孩子他必須自己承受。

8. 你的鄰居經常在晚上放很吵的音樂，你會？

（1）報警。

（2）去向他們抱怨。

（3）改善自己家的隔音條件。

9. 由於沒有得到領導的重視，所以你沒有晉升，你會？

（1）辭職。

（2）向領導說你應該晉升。

（3）努力工作，爭取下一次做得更好。

10. 你需要加薪，你會？

（1）直接找領導，要求加薪。

（2）多做些工作，想得到領導的賞識。

（3）準備跳槽，找工資更高的工作。

11. 你感覺領導不欣賞你，你會？

（1）向同事抱怨，希望領導能夠聽到。

（2）要求職工評議。

（3）查看招聘廣告，準備跳槽。

12. 在一次公開的會議上，你發現自己與發言人的意見完全相左，你會？

（1）離開會場。

（2）向坐在你身邊的朋友小聲說自己的反對意見。

（3）站起來，問一些尖刻的問題。

13. 你持反對態度的一個宗教派別的一些成員來到你家，你會？

（1）讓他們走。

（2）邀請他們進屋，詳細地說出你的反對意見。

（3）捐一些錢，擺脫他們。

14. 有人在挨家挨戶地募捐善款，你已經支持了許多慈善活動，沒有能力再捐款了，你會？

（1）說很抱歉，你現在沒有零錢。

（2）誠實地說明你已經捐了很多了。

（3）不理會門鈴的響聲，讓他們認為你不在家。

15. 一個朋友徵求你對他剛買的衣服的看法，你會？

（1）老實地告訴他衣服不好看。

（2）岔開話題。

（3）明褒實貶，希望他能夠領會你的看法。

16. 一位政治候選人來到你家，為即將到來的大選拉選票，你會？

（1）坦率地告訴他你不會投票給他。

（2）說你會投票給他（你對其他候選人也是這麼說的）。

（3）和他討論一些問題，說你以後再做決定。

17. 朋友們邀請你參與他們的一個劇目創作，但你懷疑這個劇目會很無聊，你會？
（1）去，盡力對它產生興趣。
（2）表明這個劇目將會無聊，建議做些其他事情。
（3）臨時找借口說不去。
18. 一個你覺得很有吸引力的人講了一些你所不能認同的話，你會？
（1）什麼也不說，你不想失去與他接觸的機會。
（2）堅決主張自己的觀點，希望能夠贏得贊同。
（3）適度地抗議，但是在真正發生爭論之前放棄。
19. 清晰地陳述自己的觀點比迎合大眾的口味重要嗎？
（1）是。
（2）不。
（3）不確定。
20. 對於一個你有強烈感受的話題，為了息事寧人，你是否會保持沉默？
（1）很可能會。
（2）一定不會。
（3）也許會。
21. 你的丈母娘週末來到你家，開始挑剔你家的一切，你會？
（1）告訴她，如果她不喜歡，可以回她自己家去。
（2）不理會她，星期一就會好的。
（3）心平氣和地說你們的生活方式非常適合你們。
22. 在一場體育比賽中，發現自己坐在一群競爭對手的支持者中間，你會？
（1）保持安靜，把有自己隊標志的東西藏起來。
（2）大聲地為自己的隊助威。
（3）與競爭對手的支持者們開玩笑，說自己是他們中的一員。
23. 酒吧裡一個醉漢正在發表一些令人厭惡的種族歧視言論，你會？
（1）在麻煩到來之前趕快離開。
（2）試圖就這個問題與他爭論。
（3）大聲地告訴他，說他是偏執狂。
24. 你看見一個警察非法停車，準備去干洗店取衣服，你會？
（1）上前控訴他。
（2）不理會他，你不想惹麻煩。
（3）給他的上司寫信，正式投訴他。
25. 在一次學校家長會上，你強烈地感到自己應該發表一個不受歡迎的看法，你會？
（1）說出你的感受，不管它會得罪誰？
（2）保持沉默，因為你還得與這些人相處。
（3）會後給組委會寫信，陳述你的看法。

得分

	1	2	3		1	2	3		1	2	3
1.	c	b	a	10.	c	b	a	19.	b	c	a
2.	c	b	a	11.	c	a	b	20.	a	c	b
3.	b	a	c	12.	a	b	c	21.	b	a	c
4.	a	b	c	13.	c	a	b	22.	a	c	b
5.	a	b	c	14.	c	a	b	23.	a	b	c
6.	c	b	a	15.	b	a	c	24.	b	a	c
7.	a	c	b	16.	b	a	c	25.	b	a	c
8.	c	a	b	17.	c	a	b				
9.	a	c	b	18.	a	c	b				

得分與評析

本測試最高分為 75 分。

◆70~75 分

你非常果斷，讓他人注意你的講話，不存在任何困難。這不會使你成為天才，但是，如果讓他人注意到你，至少你不會被冷落。你的直率很可能會得罪一些人；但是，如果你想加入天才的行列，你不能為這樣的事情擔憂，或者改變自己的想法。

◆65~74 分

你很果斷，表達自己思想的時候通常不會遇到麻煩。然而，要想被接納為天才，你可能需要付出更大的努力。進入天才的行列不是件容易的事，你需要聚集自己所有的能力，並果斷行事。

◆45~64 分

你太拘謹了。要不兇悍起來，要不就忘掉做天才的夢想吧。沒有人會拿你當回事。

◆44 分以下

你在開玩笑嗎？

二、創新思維知識點鞏固

（一）創新思維的特性

創新思維是指以新穎、獨創的方法解決問題的思維過程，通過這種思維能突破常規思維的界限，以超常規甚至反常規的方法、視角去思考問題，提出與眾不同的解決方案，從而產生新穎的、獨到的、有社會意義的思維成果。創新思維作為一種思維活動，既有一般思維的共同特點，又有不同於一般思維的獨特之處。具體表現在以下幾個方面：

1. 敏感性

人們通過各種器官直接感知客觀世界，但要理性地認識客觀世界，就需要敏感的思維。

2. 獨創性

獨創性指按照不同尋常的思路展開思維，達到標新立異的效果，體現個性。創造性成果必須具有新穎性，創造性思維的思路是獨特的，不同於一般思維。

3. 流暢性

流暢性是指能夠迅速產生大量設想，思維速度較快，反應敏捷，表達流暢。流暢性是對速度的一種評價，表現為計算流暢、詞彙流暢、表達流暢、圖形流暢等。

4. 靈活性

靈活性是指能夠產生多種設想，通過多種途徑展開想像，具有多回路、多渠道、四通八達的思維方式，生動靈活，體現無窮魅力。

5. 精確性

精確性就是能周密思考，精確地滿足詳盡要求的性質。隨著科技的不斷發展，客觀事物的複雜性要求人們細心觀察、周密思考。

6. 變通性

變通性指通過不同於常規的方式對已有事物重新定義或重新理解的性質，打破常規，克服思維障礙，找到突破口。

綜上所述，敏感性、獨創性、流暢性、靈活性、精確性和變通性是典型的創新思維所具備的基本特性。其中以流暢性、靈活性和獨創性為主。然而，並非所有的創造性思維都具有上述全部特徵，而是各有側重，因人因事而異。因此，我們在評價創造性思維時應該全面衡量，不能苛求完美無缺。

(二) 開發創新思維的策略

1. 好奇心

好奇心對原始創新是至關重要的，原始創新是不能夠預料的，往往是在好奇心的推動下，才有創新的動力。好奇心是創造性人才的重要特徵已是不爭的事實。創造性的培養應該從小抓起，這已經成為學者們的共識。

著名科學家們都可以說具有好奇心。牛頓對一個蘋果產生好奇心，於是發現了萬有引力。瓦特對燒水壺上冒出的蒸汽也是十分好奇，最後改良了蒸汽機。愛因斯坦從小就比較孤僻，喜歡玩羅盤，有很強的好奇心。伽利略也是因看吊燈搖晃而發現了單擺。

2. 直覺和洞察力

為什麼有許多人在大學時是高材生，但在科研上卻做不出成績，遇到複雜問題就一籌莫展？歸根究柢在於缺乏直覺和洞察力。國外的科學家評價一個人，最喜歡說的是某某人對科學有很好的感覺，也就是有可靠的直覺和洞察力。

這些能力不是靠學一門課程或讀一些書就能獲得的，最好的辦法是讓學生在實踐和濃厚的創新氣氛中自己「悟」出來。世界上的一流大學大都是研究型大學，通過教學與科研相結合，在學校裡營造出濃厚的學術氣氛，來促進學生創新素質的成長。這些學校都有許多學術大師，學生有機會與大師直接交流。通過交流容易產生火花，讓學生產生對科學的直覺和洞察力。

3. 注意力

要具備創新能力的一個要素是勤奮工作和集中注意力。勤奮是一個人有創造性地工作的前提，不勤奮的人什麼事也做不好。勤奮必須以能集中注意力為前提，注意力集中的程度決定著思維的深度和廣度。

愛因斯坦特別能集中注意力，他可以連續數小時完全集中注意力，而我們大多數人一次只能堅持幾秒鐘的注意力。

三、拓展閱讀啟發——中國 LED 在創新思維中再出發

21 世紀，LED 應用領域得到了前所未有的拓展，包括照明、顯示屏、背光、儀器面板等。到了今天的互聯網時代，LED 由於其半導體特性，在智能應用方面有得天獨厚的優勢。2015 年，中國 LED 主要從以下幾個方面取得突破。

轉：深圳某散熱器公司，原做電腦散熱器，轉做 LED 照明產品散熱裝置，以國內市場為基礎，逐步拓展到國際市場，短短幾年時間，就做到國內最大。江蘇某企業抓住轉瞬即逝的機會，把用於 LED 的照明散熱技術，延伸到用於筆記本電腦散熱。

想：江蘇某照明企業發明了一款風靡整個水晶燈光源市場的 LED 玉蘭燈泡。這款燈的創意靈感來源於冰島火山的噴發，當事人突發「奇想」，承載著「愛迪生」的精神，不斷開發出金玉蘭、白玉蘭、明珠玉蘭、小玉蘭四大系列產品。

跟：一些傳統照明企業很值得稱道。比如國內的一家傳統企業，在確定轉型做 LED 照明之後，現在的 LED 照明產品已經達到 70%，O2O 更是有特色，無論是門店銷售還是電商銷售都做得風生水起。

變：比如常見的平板燈，以前一直是利用導光板技術將側面光導向正面的「側發光」式，而後轉為光源發光方向與整燈出光方向一致的「直下式」平板燈。而且可以做到不用一顆螺絲，直接卡扣連接。LED 光源更是多樣化，具有小功率、中功率、大功率，同時可設置高色溫、低色溫，以及變換出各種場景的「藍天白雲」式等。

加：四川成都的某照明企業，就是把「加」發揮得很好的一個例子。他們把景觀照明、文化照明和功能性照明相結合，開發出獨具特色的文化路燈。比如成都人民南路的玉蘭燈儼然成為成都城市形象的窗口，北川的羌文化燈、西藏的傳經燈……實現了文化和 LED 照明的創新融合。

搭：LED 是個筐，什麼都往裡邊裝。比如 LED 路燈就可以作為一個百搭的平臺，賦予它更多的功能、個性化方案，但切忌「撞衫」。

玩：LED 是點光源，體積小、亮度高，可在紅綠藍三基色上變化各種顏色，再加上防水性、耐用性，給照明設計帶來了無限的想像空間。玩轉照明，帶有時尚標記的 LED 照明，可以催生粉絲經濟，比如小米的隨手燈等，可以帶來新的啟迪。

連：連接是互聯網時代的最大特點。德國寶馬汽車公司，在 2014 年 11 月發布的路燈+充電樁（光與充電）系統，部署在德國慕尼黑寶馬總部。Google 發布的 LED 隱形眼鏡，可檢查血糖量，為糖尿病人帶來福音。LED 以其半導體的特性，成為未來智能生活的主角，一切皆可連接。

案例分析：

　　無論是企業還是個人，擁有創新思維無疑具有重要的實際意義。對於企業來說，可以獲得豐厚的利潤和巨大的發展空間；對於個人來說，可以磨煉毅力，獲得發展的機遇。想要擁有創新思維，需要從不同的角度出發，全方位、立體化地擴展思維方式，突破固有思維的束縛，開創性地創新思維，大力推進事業的發展。

四、案例啓發

（一）郵票的故事

　　1840年，英國首次正式發行郵票。最早的郵票跟現在的不一樣。每枚郵票的四周沒有齒孔，許多郵票連在一起，使用的時候，得用小刀裁開。1848年的一天，英國的發明家阿切爾到倫敦一家小酒館喝酒。在發明家的身旁，一位先生左手拿著一張大郵票，右手在身上翻著什麼。看樣子，他是在找裁郵票的小刀。那位先生摸遍了身上所有的口袋，也沒有找到小刀，只好向阿切爾求助：「先生，您帶小刀了嗎？」阿切爾搖搖頭說：「對不起，我也沒有帶。」那個人想了想，從西服領帶上取下一枚別針，在每枚郵票的連接處上都刺上小孔，郵票便很容易地被撕開了，而且撕得很整齊。阿切爾被那個人的舉動吸引了。他想：要是有一臺機器能給郵票打孔，不是很好嗎？阿切爾開始對其進行研究。很快，郵票打孔機造出來了，用它打過孔的整張郵票，很容易一枚枚地撕開，使用的時候非常方便。郵政部門立即採用了這種機器，直到現在，世界各地仍然在使用郵票打孔機。與此相類似，後來很多單據、信件、膠帶等都採用預設的方式，讓我們的生活更方便。

（二）陽光鬧鐘

　　許多人都對鬧鐘痛恨無比，這是約恩·麥克納利和尹恩·沃爾頓發明這種名為「陽光枕頭」的原因。裝有發光二極管的它不再利用刺耳的鈴聲把你喚醒，而是用晨曦般的光線把人從睡夢中喚醒。大約在你起床的40分鐘前，這種枕頭就開始模擬自然光逐漸發光，一點點變亮，讓你感到外邊的太陽正在向你招手。據研究認為，當眼皮接收到光芒時會刺激大腦，減少睡眠時間。與此同時，「無聲鬧鐘」到了預定的時間時，便會慢慢發出光芒，房間將由黑暗到光照柔和再到明亮，直至將人喚醒。

五、創新思維遊戲實戰體驗

1. 視覺效應

下列圖形（如圖1-1所示）哪一個與眾不同？

創新思維案例

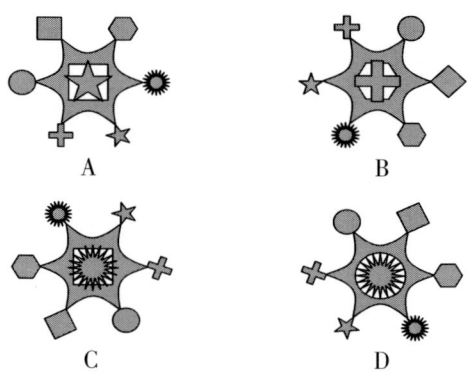

圖 1-1

2. 食品規律

下列哪一個圖形（如圖 1-2 所示）可以填入問號處，使得圖形完整？

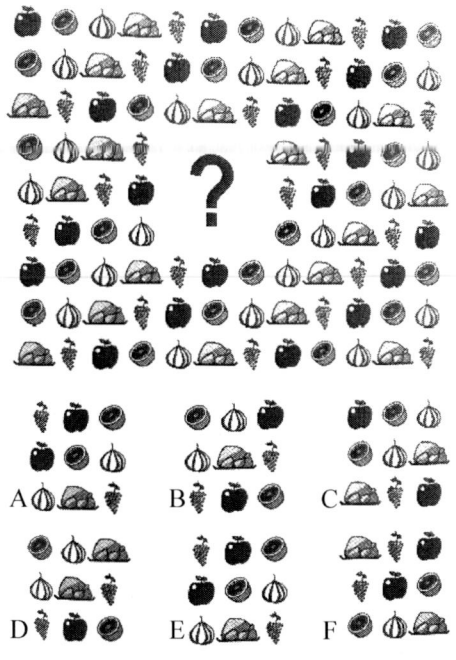

圖 1-2

3. 耀眼的鑽石

請將這塊鑽石（如圖 1-3 所示）分割成形狀相同的 4 部分，要求每部分都包含下列 5 種符號中的 1 個。

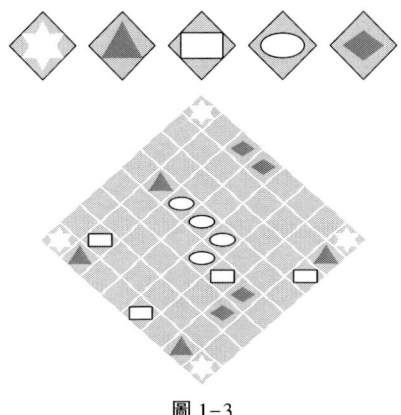

圖 1-3

4. 眉目傳情

根據以下 5 張圖（如圖 1-4 所示）的遞變規律，找出下一個圖形應該是 A、B、C、D、E 中哪一個？

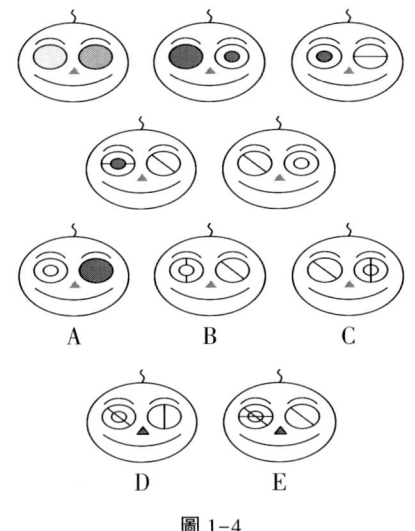

圖 1-4

5. 射擊場競賽

軍隊裡的 3 個神槍手，普利森上校、艾米少校和法爾將軍在射擊場打靶（如圖 1-5 所示）。打完後每個人拿著自己的靶紙，各說了下面的話。

上校普利森：我一共打了 180 環。比少校少 40 環，比將軍多 20 環。

少校艾米：我不是打得最差的，我和將軍間的環數相差 60，將軍打了 240 環。

將軍法爾：我打的環數比上校少。上校打了 200 環，少校比上校少 60 環。

已知他們的話中都有一句是錯的，你能得出他們各自的環數嗎？

創新思維案例

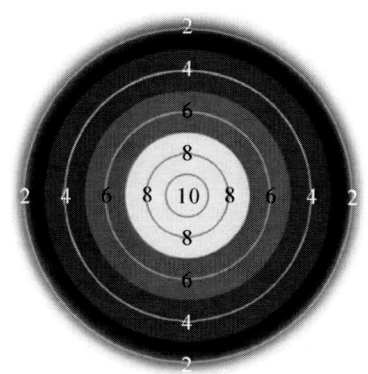

圖 1-5

6. 城鎮大鐘

從我家的窗口往外看，可以看到鎮上的大鐘。每天我都要將壁爐架上的鬧鐘按照大鐘上的時間校對一遍。通常情況下，兩者的時間是一樣的，但有一天早上，發生了一件奇怪的事情：一開始我的鬧鐘顯示為9點缺5分；1分鐘以後顯示為9點缺4分；再過2分鐘時，仍顯示為9點缺4分；又過了1分鐘，顯示時間又變回9點缺5分。

一直到了9點整，我才突然醒悟過來，到底是哪裡出了錯。你知道是什麼原因嗎？

7. 尋房覓友

我朋友阿奇博爾德剛搬進一條新街，那條街很長，一共有82棟房子坐落其中，它們都依次編了號。為了找出我朋友的門牌號，我問了他3個只需要回答是或否的問題。關於他的回答，我暫時保密，只告訴你問題是什麼。因為答案是唯一的，如果你能解決下邊的3個問題，自然就知道我朋友的門牌號了。

問題一：你的門牌號小於41嗎？

問題二：你的門牌號能被4整除嗎？

問題三：你的門牌號是完全平方數嗎？

如圖 1-6 所示，你能得出我朋友的門牌號嗎？

圖 1-6

8. 俱樂部難題

網球俱樂部共有189名成員，其中男性成員140名。通過統計得知，8人加入時間不到3年，11人年齡小於20歲，70人戴眼鏡。

現在請你估計加入時間不少於3年、年齡不小於20歲的戴眼鏡的男性成員最少有幾人。

9. 有章可循

在下列 4 個備選圖案中（如圖 1-7 所示），除了 3 個正方形的組合外，只有 1 個有和圖例圖案一樣的特徵。請試著找出該特徵並選出符合該特徵的圖形。

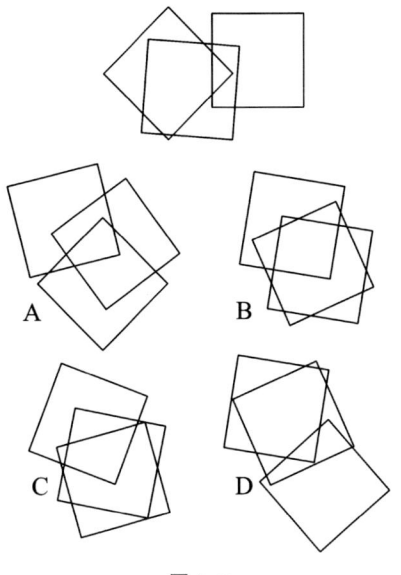

圖 1-7

10. 鐘面拼圖

牆上的掛鐘（如圖 1-8 所示）掉在地上，摔成了 3 片。巧的是每 1 片碎片上的數字總和都相等。你能猜出每片碎片上的數字嗎？

圖 1-8

第二章 發散思維訓練

一、個性測試：魅力

如果你想成為天才，你得需要魅力——吸引他人的魅力。為什麼？它不影響你的工作質量，也不會為你提供出色而有創意的想法。但是作為天才，在很大程度上需要讓人相信你是天才，如果讓不理解你思想的人也相信你確實是一個天才，那麼你就成功了。嘗試回答下面的測試題，看看你的魅力如何。

1. 你是否感覺人們會被你吸引？
（1）是，有時那會是一件尷尬的事。
（2）不，沒有人會被我吸引。
（3）我想會。

2. 你是否發現，無論你的觀點如何，人們都會同意你的看法？
（1）不，從來沒有。
（2）不是那麼經常。
（3）總是如此。

3. 你會成為一個優秀的政治領導嗎？
（1）是，無論我的政治方針如何，人們都會投票給我。
（2）不，即使我有全世界最好的方針政策，我也不會當選。
（3）我會是一個平庸的領導。

4. 你發現吸引追隨者很容易嗎？
（1）不，一點也不容易。
（2）不怎麼容易。
（3）是，確實沒有問題。

5. 你發現和你不太熟的人會向你敞開胸懷，詳細地講述他們的人生故事嗎？
（1）偶爾會。
（2）從來沒有。
（3）總是有，有時簡直擺脫不掉。

6. 兒童和動物見到你後，會立即向你跑來嗎？
（1）會，他們通常跑來咬我。
（2）會，因為我和他（它）們相處得還可以。
（3）會，我一直非常受兒童和寵物的歡迎。

7. 在火車上，陌生人會選擇坐到你身邊嗎？
（1）常有的事。
（2）有時會。
（3）幾乎沒有。

8. 在大街上會有人走上前來向你問路嗎？
（1）不常有。
（2）有時有。
（3）很經常的事。

9. 你是否感覺到人們會莫名其妙地躲著你？
（1）是，這讓人很不舒服，我不知道是為什麼。
（2）經常發生。
（3）不，從來沒有過。

10. 你的作品會吸引別人嗎？
（1）是，經常會。
（2）根本不會。
（3）我想會有一些。

11. 僅僅憑藉個人魅力你能夠改變一群人的觀點嗎？
（1）我已經做過許多次。
（2）不，我需要付出更多的努力。
（3）我能夠影響他們一點點，但是，我不能夠使他們衝進巴士底獄。

12. 人們是否通常把你當領導？
（1）有時。
（2）從來沒有。
（3）經常。

13. 即使沒有什麼實際的事有求於你，老朋友是否也經常與你聯繫？
（1）是，我仍然有許多很久以前的朋友。
（2）不，走後就被人家忘記了，這就是我。
（3）我有一些老朋友。

14. 人們傾向於愛上你嗎？
（1）我想，通常會。
（2）是，總是有，我已經習慣了。
（3）不，那確實不是我的問題，太倒霉了。

15. 人們希望將你占為己有嗎？
（1）不，從來不。
（2）不太經常。
（3）是，這確實是一個問題。

16. 你是否感覺自己對人們有一種超常的影響力？
（1）可能有時會。

(2) 不，絕對沒有。
(3) 是，我已經懷疑自己是否真有這種影響力。
17. 你能夠降服一群憤怒的暴徒嗎？
(1) 我會試一試，但是保證不了結果。
(2) 我會被他們殺死。
(3) 我能夠做到。
18. 人們是否會因為是你提出的一個不尋常的思想而接受它？
(1) 可能會吧。
(2) 不，事實是，如果是我提出的話，情況會很糟糕。
(3) 是，他們會。
19. 在公開討論中，你是否發現自己很容易起到帶頭作用？
(1) 不，一點也不容易。
(2) 是，我始終帶頭。
(3) 有時會。
20. 你會做跟隨者嗎？
(1) 不，我總是做領導者。
(2) 是，這符合我的個性。
(3) 我會根據形勢的變化或做領導或做跟隨者。
21. 如果人們有求於你，你是否會害怕？
(1) 不，我已經習慣了。
(2) 這會稍微讓我不安。
(3) 我會十分恐慌。
22. 如果你不會成為天才，你會考慮從事演藝事業嗎？
(1) 我討厭從事演藝事業
(2) 這個想法確實很吸引我。
(3) 我不知道，也許會喜歡吧。
23. 你發現引起他人的注意很刺激嗎？
(1) 是，當然很刺激了。
(2) 不，這讓我很尷尬。
(3) 我已經非常習慣了，我幾乎都麻木了。
24. 無論你的宗教信仰是什麼，你有能力做傳教士嗎？
(1) 我有這個能力，沒有比這更容易的事了。
(2) 我能，但是我不知道是否會成功。
(3) 我不能，我沒有這個能力。
25. 僅僅憑藉個人魅力，你能夠把東西推銷出去嗎？
(1) 不能。
(2) 我也許能夠做得很好。
(3) 根本沒有問題，人們總是想討好我。

得分

	1	2	3		1	2	3		1	2	3
1.	b	c	a	10.	b	c	a	19.	a	c	b
2.	a	b	c	11.	b	c	a	20.	b	c	a
3.	b	c	a	12.	b	a	c	21.	c	b	a
4.	a	b	c	13.	b	a	c	22.	a	c	b
5.	b	a	c	14.	c	a	b	23.	b	a	c
6.	a	b	c	15.	a	b	c	24.	a	b	c
7.	c	b	a	16.	b	a	c	25.	a	b	c
8.	a	b	c	17.	b	a	c				
9.	a	b	c	18.	b	a	c				

得分與評析

本測試最高分為 75 分。

◆70~75 分

你非常有魅力，你對他人的影響，無論是好還是壞，都非常強大。

◆65~74 分

你非常有魅力，能夠輕鬆地讓人相信你是天才，你有相當大的影響力。

◆45~64 分

你很討人喜歡，人們會耐心地聽取你的意見，但是，他們最終會根據事實做出自己的判斷。

◆44 分以下

魅力確實不是你的強項，不是嗎？

二、發散思維知識點鞏固

（一）發散思維的特性

發散思維就是對一個問題從多角度、多方位、多層次進行思考，從而得出多種不同的答案甚至是奇異答案的思維方式。

1. 思維的流暢性

思維的流暢性，就是在較短時間內，思維能夠產生大量設想，並能夠流暢地表達出產生的新想法。流暢性反應了發散思維的速度和數量特徵。如詞彙流暢性，就是在給定時間內（3 分鐘或者 4 分鐘內）盡可能多地寫出包含某個特定結構的漢字。

2. 思維的變通性

思維的變通性，就是打破常規，突破頭腦中固有的思維框架，按照某一個新的方向來思索可能出現結果的過程。變通性需要橫向類比、跨界轉化、觸類旁通，比如中國古代的司馬光砸缸、曹衝稱象都是典型的突破思維框架的例子。

3. 思維的獨特性

思維的獨特性就是與眾不同，提出異於尋常的新奇思想。創新必然具有新穎、獨

特、不同一般的特點，如報紙可以做門簾，還可以做衣架。

4. 多感官性

發散思維不僅要運用視覺思維、聽覺思維，還需要充分運用其他感官接收信息並加工。發散思維與情感有關，如果能激發興趣，產生激情，發散思維速度將會大大提高，效果會越來越好。

(二) 開發發散思維的方法

發散思維的主要形式有橫向思維、逆向思維、立體思維、平面思維、側向思維、多路思維、組合思維等。開發發散思維也主要從以上這幾個思維維度入手。

1. 橫向思維

橫向與縱向是相對的，一般而言，縱向思維是邏輯思維推理的過程。當縱向思維受阻，往往需要跳出原有的思維路線，橫向尋找答案。最早提出橫向思維概念的是英國學者博諾，他針對縱向思維的缺陷提出了與之互補的對立思維方法。橫向思維一般不會太窄，且能夠運用橫向思維的人都善於舉一反三。有人說橫向思維就像河流一樣，遇到寬廣處，很自然就會蔓延開來，缺點是深度不夠。

2. 逆向思維

從正面去尋找解決問題的方法和途徑，這是常規的正向思維方法。如果從問題的反向去思考解決的方法和途徑就叫「逆向思維」，也叫反向思維。要敢於「反其道而行之」，讓思維向對立面的方向發展，把事物的位置顛倒過來進行思考，或從問題的相反面深入地進行探索，從而產生新的想法、新的創意。如說話聲音高低能引起金屬片相應的振動，相反，金屬片的振動也可以引起聲音高低的變換。因此，愛迪生在對電話的改進中，發明製造了世界第一臺留聲機。

一般人們習慣於沿著事物發展的正方向去思考問題並尋求解決問題的辦法。其實，對於某些問題，尤其是一些特殊問題，倒過來思考，從求解回到已知條件，反過去想或許會使問題簡單化。運用逆向思維去思考問題的結果往往會令人大吃一驚，另有所獲。

3. 立體思維

立體思維是指在思考問題時跳出點、線、面的限制，進行立體式思維。如立體綠化：屋頂花園增加綠化面積，減少占地，改善環境，淨化空氣。立體農業：在玉米地裡種綠豆，在高粱地裡種花生等。立體森林：在高大喬木下種灌木，在灌木下種草，在草下種食用菌。立體思維是從宏觀角度尋找微觀層面問題的解決辦法。

4. 平面思維

平面思維是指人的各種思維線條在平面上聚散交錯。如一幅畫，如果單純地以筆和紙才能完成就是常規的思維方式，但如果把「畫」放在一個平面上，將所有可以想像的名詞聯繫起來，就會發現石頭、頭髮、麥秆、金屬、樹葉、布料、沙子——都可以用來做成一幅畫。這就是平面思維。在諸葛亮的思維中，「兵」不僅是指「人」，「水」「火」「草」「木」皆是「兵」。

5. 側向思維

側向思維又稱旁通思維，是指沿著正向思維旁側開拓出新思路的一種創造性思維，即當正面進攻受阻時而採取迂迴前進的方法。從側面去思考，是在最不起眼的地方多做文章，這往往會有意想不到的效果。如 19 世紀末，法國園藝家莫尼哀從植物的盤根錯節想到水泥加固的例子。當一個人為某一問題苦苦思索時，在大腦裡形成一種優勢竈，一旦受到其他事物的啓發，就很容易與這個優勢產生相聯繫的反應，從而解決問題。

6. 多路思維

所謂多路思維，是指對一個有多種答案的問題，朝著各種可能解決的方向，去發散性地思考問題的各種可能的答案。也就是解決問題時不要一條路走到黑，而是從多角度、多方面思考，這是發散思維最普通的形式（逆向、側向、橫向思維是其中的特殊形式）。現代心理學研究表明，人的大腦不僅具有同時學習和思考幾個問題的功能，而且由於內容的更換或交替，還往往能夠促進創造性思維的迸發，即靈感的產生。據心理學家測定，一個人在一段時間內平行研究或思考的問題，最多可以有 7 個。這當然要看所研究的問題的大小及一個人的知識面的寬窄程度。

7. 組合思維

組合就是將兩個或兩個以上的事物組合在一起，或者把多項貌似不相干的事物通過想像加以結合，從而使之變成彼此不可分割的新的整體。組合思維就是從某一事物出發，以此為發散點，盡可能多地與另一些事物結合成具有新價值（或附加值）的新事物的思維方式。美國加利福尼亞的一家小工廠，將小溫度計與湯匙組合，取名「溫度匙」，解決了嬰兒洗澡測量溫度的問題，即在給嬰兒餵養時就能很方便地測出湯匙裡液體的溫度，大受母親歡迎。日本的一位理髮師將推剪和小吸塵器組合成一種新型理髮工具，使剪下來的頭髮立刻被吸塵器吸走，減少清理碎頭髮的麻煩。在科學界、商業和其他行業都有大量的組合創造的實例。當然組合不是隨心所欲拼湊，必須是遵循一定科學規律的有機的最佳組合。

三、拓展閱讀啓發——杯子的 N 種賣法

1. N1 種賣法

賣產品本身的使用價值，只能賣 3 元 1 個。如果你將它僅僅當作一只普通的杯子，放在普通的商店，用普通的銷售方法，也許它最多只能賣 3 元錢，還可能遭遇領家小店老闆娘的降價招客的暗招，這就是沒有價值創新造成的悲慘結局。

2. N2 種賣法

賣產品的文化價值，可以賣 5 元 1 個。如果你將它設計成今年最流行款式的杯子，可以賣 5 元錢。隔壁小店老闆娘降價招客的暗招估計也使不上了，因為你的杯子有文化，衝著這文化，消費者是願意多掏錢的，這就是產品的文化價值的創新。

3. N3 種賣法

賣產品的品牌價值，就能賣 7 元 1 個。如果你將它貼上著名品牌的標籤，它就能

賣出 6、7 元錢。隔壁店「3 元 1 個」叫得再響也沒有用，因為你的杯子是有品牌的東西，幾乎所有人都願意為品牌付錢，這就是產品的品牌價值創新。

4. N4 種賣法

賣產品的組合價值，賣 15 元 1 個。如果將 3 個杯子全部制成卡通造型，組合成 1 個套裝杯，用溫馨、精美的家庭包裝，起名叫「我愛我家」，1 只叫「父愛杯」，1 只叫「母愛杯」，1 只叫「童心杯」，賣 50 元 1 組也沒有問題。隔壁店老板娘就是「3 元 1 個」喊破嗓子也沒有用，小孩子會拉著媽媽去買你的「我愛我家」全家福，這就是產品組合的價值創新。

5. N5 種賣法

賣產品的延伸功能價值，賣 80 元 1 個絕對可以。如果你猛然發現這只杯子的材料竟然是磁性材料做的，並挖掘出它的磁性、保健功能，賣出 80 元 1 個絕對可以。這個時候，隔壁老板娘估計都不好意思賣 3 元 1 個，因為誰也不信 3 元能買到具有這些功能的杯子。

6. N6 種賣法

賣產品的細分市場價值，賣 188 元 1 對也不是不可以。如果你將那個具有磁療保健功能的杯子印上十二生肖，並且準備好時尚的情侶套裝禮盒，取名「成雙成對」或「天長地久」，針對過生日的情侶，賣 188 元/對，絕對會讓為給對方買何種生日禮物而傷透腦筋的小年輕們付完錢後還不忘回頭說聲「謝謝」，這就是產品的細分市場價值創新。

7. N7 種賣法

賣產品的包裝價值，賣 288 元/對可能更火。應把具有保健功能的情侶生肖套裝做成 3 種包裝：第 1 種是實惠裝，188 元/對；第 2 種是精美裝，賣 238 元/對；第 3 種是豪華裝，賣 288 元/對。可以肯定的是，最後賣得最火的肯定不是 188 元/對的實惠裝，而是 238 元/對的精美裝，這就是產品的包裝價值創新。

8. N8 種賣法

賣產品的紀念價值，可賣 2,000 元/個。如果這個杯子被奧巴馬等名人使用過，後來又被楊利偉不小心帶到太空去使用，這樣的杯子，可以賣 2,000 元 1 個，這就是產品的紀念價值創新。

廣泛性不在於判斷這個答案是否合理，而是追求速度與數量，若現在要你說出 20 種賣法，發散性思維會幫助你產生更廣泛的想法。

四、案例啓發

(一) 通過創新獲得成功

日本一家公司對 3 位應聘市場策劃職位的年輕人進行智力測試，將 3 人送到廣島，付給每人最低生活費 2,000 日元。考題是：在那兒待上一天，看看誰帶回的錢多。

A 很聰明，花 500 元買了一副墨鏡，除充饑的費用外，用餘下的錢買了一把舊吉

他。他來到繁華的廣場上搞起了「盲人賣藝」，於是，琴盒裡的錢慢慢多了起來。

B 更聰明，他花 500 元做了一個箱子，並寫句廣告語：「將原子彈趕出地球——紀念廣島災難 40 年暨加快廣島建設大募捐」。餘下的錢則雇請兩位中小學生演講，以招募圍觀者。結果，他吸引了很多募捐者。

C 不知怎麼想的，根本沒有打算去掙錢。他找了個小餐館，美美地吃了一餐，花去 1,500 日元，然後鑽進一架廢棄的汽車裡，甜甜地睡了一覺。

傍晚時分，正當賣藝「盲人」和「募捐」小伙生意紅火、心裡得意的時候，眼前突然出現一位佩戴胸卡、戴袖章、挎手槍的大胡子管理人員。這位管理人員扯下「盲人」的墨鏡，砸掉「募捐」的箱子，沒收了他們的非法所得，還叫喊著要起訴他們犯了欺騙罪。

當狼狽不堪的 A 與 B 兩手空空趕回公司時，已經遲到了。他們更沒有想到的是，等待他們的居然是那位「管理員」。原來，C 將餘下的 500 日元買了胸卡、袖章、玩具手槍與化妝用的大胡子，假扮管理人員將 A 與 B 的錢給沒收了。公司老闆最後的評價是：A 與 B 只會費力地開闢市場，C 善於吃掉對手的市場。因此，C 被錄用了。

這則故事說明，當今時代，競爭靠的是智慧，而不僅僅是汗水。那麼，智慧是什麼呢？智慧其實就是一種分析判斷、發明創造的創新能力，是敏銳機智、靈活精明的主觀反應，是一個人充滿活力的寶貴財富。在這個智慧不斷升值的知識經濟時代，一個人沒有金錢並不可怕，沒有地位也不可悲，而不善思考、缺乏智慧才是人生的缺憾。

創新能力是必須通過學習、教育、訓練、實踐、激勵等培養出來的，主要包括如下內容：

（1）學：就是學習創新的基本知識，提高「自我表象」，增強責任感，強化創新動機。

（2）練：就是在學習的過程中，勤學勤練，學以致用，學練結合。

（3）干：就是應用，就是實踐，就是運用創新的思維、創新的技法，通過創新的活動，創造性地解決生活和社會中存在的各類問題。

（4）恒：就是將開展創新活動和提升人的創新能力作為一項長期戰略而經常化、制度化。

也許，很多人都會認為自己天生比別人笨，沒有天賦。其實，智慧是平凡的，聰明也不神祕，只要大家能夠積極開拓思維，適應創新進取、優勝劣汰、以智慧謀生的時代主旋律，有意識地在生活中學習並培養創新的意識，智慧和聰明就會如同泉水一樣綿綿不絕，從而營造一個擁有智慧的人生，創造超越他人的價值。

（二）咖啡的發現

1,000 多年前，非洲埃塞俄比亞的凱夫小鎮有個聰明的牧童，他對自己的羊了如指掌，羊也非常聽他的話。有一天，他把羊群趕到周圍有一片灌木的草地上吃草。到了晚上，發生了奇怪的現象，羊不聽話了。他費了很大勁才把羊趕進圍欄。羊進欄後還是很興奮地擠來擠去。第二天，他又把羊群趕到了那片草地上。他看到，羊除了吃青草外，還吃了灌木上的小白花、小漿果和葉子。到了晚上，他的羊和前一天一樣不

聽指揮。

為了證明羊是吃了灌木葉和果實才出現了反常現象。第三天，他把羊趕到另一片草地上，只讓羊吃草，當晚羊就恢復了正常。

問題出在灌木和果實上，小牧童拔了幾棵灌木回家，他嘗了下灌木毛茸茸的葉子，有點苦，又嘗了果子，又苦又澀。他把果實放到火裡燒一燒，發出了濃鬱的香味，再把燒過的果實放在水裡泡著喝，味道好極了。那一天晚上，小牧童也興奮地一夜未眠。小牧童反覆試驗了幾次，每次都得到了同樣的結果。

於是，他把這種香噴噴的東西當作了飲料，招待鎮上的人。此後，一種新的飲料誕生，這就是我們現在喜歡喝的咖啡，也就是非洲小鎮「凱夫」的諧音。

分析牧童發現咖啡的過程，這些因素使他成功：第一，好奇心。我的羊怎麼變得這樣奇怪？第二，敏感性。羊是不是吃了灌木葉引起變化？第三，觀察力。羊不僅吃了灌木葉，還吃了果實花朵。第四，聯想。葉子和果實中有特殊的東西，人能不能吃？第五，探究。拔一些灌木回家看看是怎麼回事。第六，冒險。我來嘗嘗。第七，進取心。有點苦，燒一燒會怎樣？泡水喝是不是更好？第八，良好的心態、無私的品質。如果牧童自私一點，自己發現了東西自己享用，那麼咖啡可能永遠成不了飲料。

五、發散思維游戲實戰體驗

1. 來福槍打靶

3 位軍人——A 上校、B 少校和 C 上尉在打靶場進行一場來福槍射擊比賽。結果如圖 2-1 所示，3 位軍人每人各打了 6 槍，都得到 71 環的成績。已知上校的首兩槍得到 22 環，少校的第一槍只得了 3 環。你能猜出是誰射中了靶心嗎？

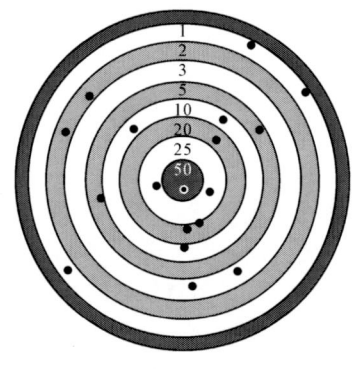

圖 2-1

2. 手槍交易

波利·比爾和戴蒙·丹是做牛肉生意的。某一天，他們決定將手頭養著的牛賣掉，改做羊毛生意。於是，兩人將牛群拉到集市上，以這群牛的總數作為每頭牛的單價開賣。賣完牛以後，他們用賺到的錢以每頭 10 美元的價格買下了很多綿羊，最後剩下的零錢因為買不起一頭綿羊，就買了一頭山羊。

在回去的路上，兩人急不可耐地開始平分他們今天的收穫。當分到最後一頭綿羊時，比爾說綿羊歸他，山羊可以給丹。丹覺得不公平，因為綿羊比山羊貴。

比爾考慮一下，說：「那好吧，我把我的左輪手槍給你作為補償。」

據此你能否推斷出一把左輪手槍價值多少錢？

3. 缺了什麼

請問最上邊的六邊形中缺少的圖案應該是下列 4 個選項（如圖 2-2 所示）中的哪一個？

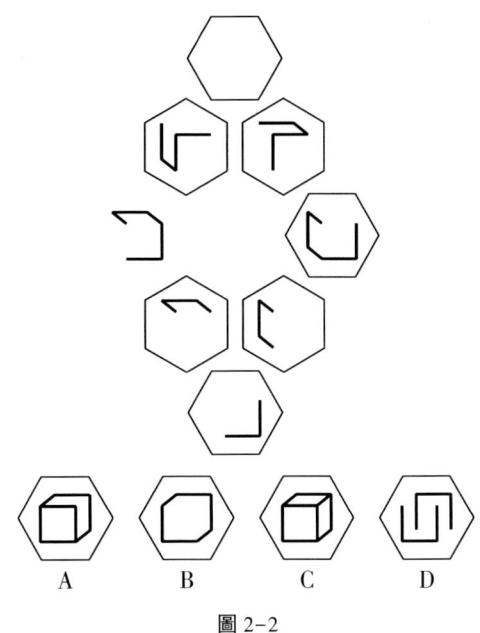

圖 2-2

4. 金字塔陣

根據金字塔中的圖形規律，「？」裡的圖形應該是下列 5 個選項（如圖 2-3 所示）中的哪一個？

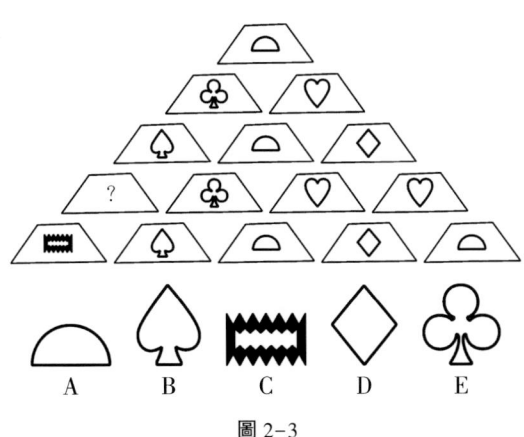

圖 2-3

5. 18 棵樹

一位園丁正打算替他的 18 棵待種的樹挖坑（如圖 2-4 所示）。在確定坑的具體方位時，他採用了每 5 坑連成一直線的方案。為了使這樣的直線條數達到最多，他只有兩種選擇。你能替他的兩種選擇畫出草圖嗎？

圖 2-4

6. 萬花筒

根據下邊鏡筒內的圖案的遞變規律（如圖 2-5 所示），找出問號應選哪一個選項。

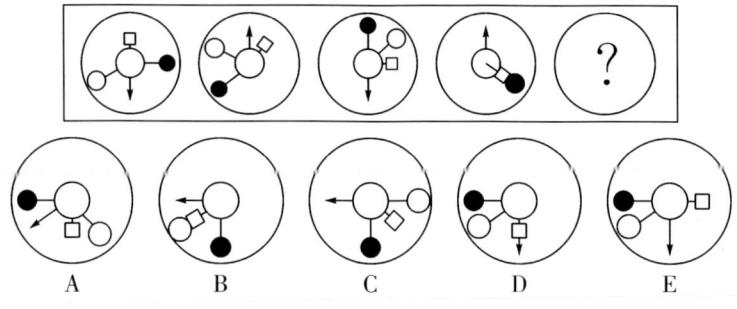

圖 2-5

7. 外星人的手指

一群外星人聚在一間房中，已知每個外星人（如圖 2-6 所示）的每一只手上，都有不止一個手指。他們每個人的手指總數一致；又已知任意一個外星人每只手上的手指數量也不相同。現在如果告訴你房間裡外星人的手指總數，你就可以知道外星人一共有幾個了。

假設這個房間裡外星人的手指總數為 200~300 個，請問房間裡總共有幾個外星人？

圖 2-6

8. 酒桶鑒酒師

一名葡萄酒商有 6 個酒桶（如圖 2-7 所示），容量分別是 30 升、32 升、36 升、38 升、40 升和 62 升。其中 5 桶裝著葡萄酒，1 桶裝著啤酒。第一位顧客買走了兩桶葡萄酒；第二位顧客買走的葡萄酒是第一位顧客的兩倍。請問，哪一個桶裝的是啤酒？

圖 2-7

9. 三方塊組

在下圖的三方塊體系中（如圖 2-8 所示），還少了 1 塊組合。請在下列 5 個選項中選 1 個，以使該體系完整。

圖 2-8

創新思維案例

10. 跳舞的圓圈

根據下面 3 幅圖的遞變規律（如圖 2-9 所示），找出下一幅圖應該是 A、B、C、D、E 中的哪一幅？

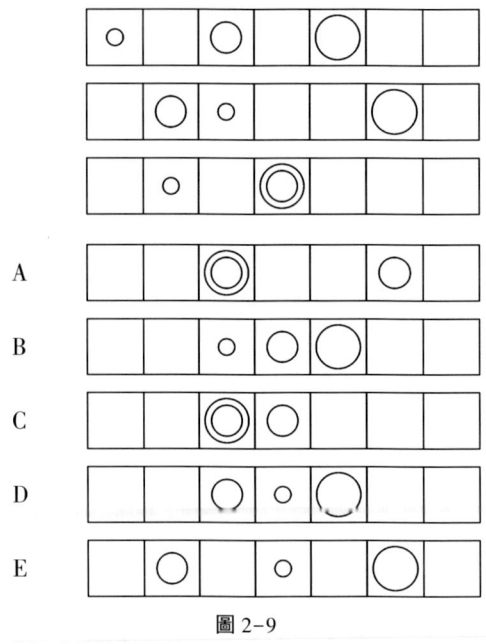

圖 2-9

第三章　形象思維訓練

一、個性測試：控制力

　　要想成為天才，你需要完全控制自己的生活。你是自己命運的主宰者，還是相信命運主宰著你？嘗試下邊的測試題，看看你的控制能力如何？
　　1. 你對自己所走的生活道路是否完全有信心？
　　（1）是，這是我想走的路，自然非常自信了。
　　（2）我有時擔心自己所走的路是否正確。
　　（3）沒有，我不知道自己將走向何方。
　　2. 你感覺自己是在自己生命的「駕駛座」上嗎？
　　（1）不，我想我更是一名乘客。
　　（2）是，我多數時候能夠控制自己的生活。
　　（3）是，我也不允許自己做副司機。
　　3. 你相信命運嗎？
　　（1）我想是的。
　　（2）是，我非常相信有些事情是命中注定的。
　　（3）不，我不信。
　　4. 你的運氣，你做主嗎？
　　（1）不，我認為運氣來自其他地方。
　　（2）是，我必須做主。
　　（3）不完全由我做主，但我會竭盡全力幫助自己。
　　5. 你願意指揮一艘遠洋輪船嗎？
　　（1）我會恐懼的。
　　（2）我喜歡這個挑戰。
　　（3）我願意，但是我不確定自己是否有這個能力。
　　6. 你怎麼看待這樣的說法，即「你不可能與官僚主義作鬥爭」？
　　（1）一派胡言，我能與任何人鬥爭。
　　（2）這句話也許是對的。
　　（3）我認為，可以鬥爭，但始終贏不了。
　　7. 你在家裡掌權嗎？
　　（1）不，我的愛人當家。
　　（2）我們一家和睦相處，沒有權利之爭

（3）是的，我掌權。

8. 作為一個下屬，你會怎麼樣？
（1）經常換位思考，認真研究上級的性格和處事方法。
（2）主動毫無怨言地接受上級交給我的任務。
（3）有時會懷疑上級的決策。

9. 你喜歡團隊運動嗎？
（1）是的，我喜歡建立友誼。
（2）我喜歡，但不怎麼熱衷。
（3）只有讓我做隊長的時候才喜歡。

10. 你害怕責任嗎？
（1）有一點。
（2）責任會是一件十分可怕的事。
（3）我需要有一種掌控一切的感覺。

11. 對於青少年犯罪，你傾向於指責社會嗎？
（1）在某種程度上會。
（2）是，我認為年輕人誤入歧途是因為缺失社會價值觀。
（3）人們應該為自己負責，沒有人讓你成為罪犯。

12. 你願意做自己的老板嗎？
（1）不，風險太大了。
（2）我願意，但是有點膽怯。
（3）我願意，因為我不能為別人打工。

13. 你願意成為一個團體的一員嗎，例如參軍？
（1）是，我喜歡融入團隊。
（2）不，我忍受不了「團隊精神」這種東西。
（3）我不會太介意。

14. 你認為人們應該完全對自己的生活負責嗎？
（1）這對我來說似乎太刻薄。
（2）也許吧，但有時需要一點點幫助。
（3）是，否則你怎麼生活？

15. 你是否在生病的時候也討厭放棄控制權？
（1）放棄控制權會讓我發瘋。
（2）不，我非常喜歡沒有責任的生活。
（3）我願意放棄一會兒。

16. 是否有的時候你會感到生活是在與你作對？
（1）不常有這種感覺。
（2）是，我經常有這種感覺。
（3）根本不會，我掌握著自己的生活。

17. 你相信我們有空閒時間嗎？
（1）我不知道。
（2）相信。
（3）不相信。

18. 你是否給自己算命？
（1）是，只是算著玩。
（2）是，我把它看作是很嚴肅的事。
（3）不，我認為那是胡說八道。

19. 你認為命運是注定的嗎？
（1）當然不是。
（2）也許吧。
（3）是，我認為有些事情是我們不能夠改變的。

20. 你是否曾經感覺到需要神的幫助？
（1）總是如此。
（2）我相信上帝真的是在幫助我們。
（3）不，我自己可以解決問題。

21. 你對自己完全有信心嗎？
（1）是，不相信自己，我還能相信誰？
（2）多數時候。
（3）不，我經常懷疑自己。

22. 你確定掌控著自己的生活嗎？
（1）十分確定。
（2）我希望這樣。
（3）我一點也不確定。

23. 你相信政府有能力控制你的生活嗎？
（1）不信，我絕對不需要他們控制。
（2）是的，當然相信，他們畢竟是我們選舉出來的。
（3）總的來說，我很高興讓他們控制。

24. 你始終最懂自己？
（1）關於我的生活，我當然最懂了。
（2）我願意接納一切建議。
（3）我經常需要有人告訴我做什麼。

25. 你是自己人生輪船的船長嗎？
（1）是的，並且我不允許有任何水手叛亂。
（2）大多數時間是。
（3）不，似乎是他人在指揮我的船。

得分

	1	2	3		1	2	3		1	2	3
1.	c	b	a	10.	b	a	c	19.	c	b	a
2.	a	b	c	11.	b	a	c	20.	a	b	c
3.	b	a	c	12.	a	b	c	21.	c	b	a
4.	a	c	b	13.	a	c	b	22.	c	b	a
5.	a	c	b	14.	a	b	c	23.	b	c	a
6.	b	c	a	15.	b	c	a	24.	c	b	a
7.	a	b	c	16.	a	b	c	25.	a	b	a
8.	b	c	a	17.	b	a	c				
9.	a	b	c	18.	b	a	c				

得分與評析

本測試最高分為 75 分。

◆70~75 分

你是一個非常自主的人，這將在你成為天才的旅程中起到很大的作用。他人也許會覺得你很冷漠，而且有一點專橫；但是，大部分時間，他們會因為你的負責人而感激你。無論怎樣，你都不會在意的，你只是作為一個最好的向導一直向前。

◆65~74 分

你對自己的生活掌握得非常好。你不會相信運氣、命運或政府。但是你明白，無論你有多麼渴望，你不可能總是控制一切。

◆45~64 分

你確實不太能夠控制你的生活，你太依賴於外界的幫助，因此不適合進入天才的行列。

◆44 分以下

你的生活似乎是被另一個星球控制著，也許是另一個星系吧。

二、形象思維知識點鞏固

(一) 形象思維的特性

形象思維觀點最初是由俄國著名文學家、批判學家別林斯基提出的，他主張「寓於形象的思維」「用形象來思考」。形象思維至今尚無統一的定義，但是通俗來說，形象思維是指通過直觀、具體、感性的形象來反應和把握事物，並解決問題的思維活動。

1. 普遍性

根據兒童心理學研究表明，3 歲以前的兒童主要是直觀性動作思維，4~7 歲的兒童基本上是直觀性形象思維，是概念、判斷、推理行為的理論思維，要在 7 歲以後才能正常進行。從語言上看，幼兒最初掌握的詞很具體，但概括性不強，幼兒總是先掌握

蘋果、梨、香蕉等具體名詞，然後才逐漸掌握「水果」等表達一般意義的名詞。這也表明了人類在其童年期是形象思維，形象思維具有普遍性。普遍性是指形象思維存在於一切實踐主體的思維活動中。形象思維是人類最基本、最普遍的思維方式。

2. 形象性

形象性是形象思維最基本的特點。形象思維所反應的對象是客觀事物的形象，這是思維的原料。形象思維是從事物的表象感知、認知到概括為反應事物本質特徵的意象，其思維過程表現為形象感受、形象儲存、形象描述、想像識別、形象創造，其表達的工具和手段是能夠為感官所感知的圖形、圖像、圖式和形象性的符號。形象思維的形象性使它具有生動性、直觀性和整體性的優點。

3. 思想性

思想性是指人們的思維活動不僅直觀地反應對象，還進一步包含人們對於對象的審美態度和價值觀念，不同的世界觀、不同的人生態度，往往會使得同一形象的思維活動沿著不同的方向進行，並最終形成不同的形象。

4. 創新性

創新性是人們不滿足於對已有形象的再現，致力於追求對已有的形象的加工、改造，創造出新的形象。想像是思維主體運用已經有的形象，形成新形象的過程。

5. 非邏輯性

形象思維不像邏輯思維那樣，對信息的加工一步一步、首尾相接、線性地進行，而是可以運用多種形象材料，一下子合在一起形成新的形象，或由一個形象跳躍到另一個形象。它對信息的加工過程不是系列加工，而是平行加工，是平面性的或者立體性的。它可以使思維主體迅速從整體上把握問題。形象思維是或然性或似真性的思維，思維的結果有待於邏輯的證明或實踐的檢驗。

6. 粗略性

形象思維對問題的反應是粗線條的反應，對問題的把握是大體上的把握，對問題的分析是定性的或半定量的。所以，形象思維通常運用問題的定性分析。

(二) 開發形象思維的方法

1. 注重觀察，累積形象材料

形象思維在於將事物表象的多樣性儲存在大腦中。頭腦中的表象越多，不僅能夠促進右腦的活動，也為形象思維提供豐富的原料。如何才能豐富自己的形象原料？在日常生活、娛樂活動、看電視、欣賞音樂、學習活動、參觀、旅遊、家務和社會實踐活動中，要不斷提高自己的觀察力，盡量擴大對自然和人類活動中事物形象的掌握，有意識地觀察事物形象，廣泛累積表象材料，豐富表象儲備。豐富的表象儲存無論對形象思維還是抽象思維都有幫助。

2. 積極開展聯想和想像活動

假如把象棋和事物聯繫起來會想到什麼？鞋可以吃嗎？如果經常開展想像力豐富且生動的聯想和想像活動，上述問題也就很好聯想了。要把看到的不同事物聯繫起來

需要不斷練習。想像力是創新思維的重要品質，它能使我們超越已有的知識和經驗，使思維插上翅膀，達到一個新的境界。我們不僅不能束縛自己的想像，更需要有豐富的聯想能力。你想過把飛機折疊起來嗎？日本長野縣一家公司，就想像著把直升飛機像折疊產品一樣折疊起來。因此，開始投入研發，並研製成功折疊直升機，折疊後放入汽車行李箱中。這種飛機只銷往美國，銷售價格 2.5 萬美元。

想像思維與聯想思維可以互為起點，即想像思維可以在聯想到的事物之間展開，同時想像思維所獲得的結果又可以引起新的聯想。

三、拓展閱讀啓發——伽利略的「力學第一定律」

亞里士多德是古希臘的著名學者。他曾斷言：當推動物體的外力停止作用時，原來運動的物體便歸於靜止。也就是說，物體的運動需要依靠外力來維持。許多人不假思索地同意亞里士多德的觀點。著名的義大利物理學家伽利略是第一個公開懷疑亞里士多德以上論斷的學者。他沒有單憑直觀經驗去體會亞里士多德的論斷，而是運用了一種巧妙的思考方法加以研究和分析。伽利略注意到，一個小球沿著第一個斜面滾下來，再滾上第二個斜面，而這個小球在第二個斜面上所達到的高度，同它在第一個斜面上開始滾下時的高度相差很小。這個差距是由摩擦產生的阻力造成的。斜面越光滑，摩擦力越小，這個差距也就越小。於是伽利略想像：在沒有摩擦力（或摩擦產生的阻力為零）的情況下，不管第二個斜面的傾斜度是多少，小球在第二個斜面的高度總會和在第一個斜面上的高度相同。接著，他又進一步想像：假若第二個斜面變成可以無限延伸的水準面，那麼小球從第一個斜面上滾下來後，將沿著平面永遠運動下去。通過這種巧妙思考，伽利略得出一個全新的結論：一個運動著的物體在不受外力的作用時，將保持原有的運動狀態，維持勻速直線運動。他的這一論點打破亞里士多德被世人公認了 2,000 多年的觀點。後來，物理學家牛頓將伽利略的這一結論進一步總結為力學第一定律，即慣性定律。

四、案例啓發

(一) 一場奇特的訴訟

1968 年，美國內華達州一位叫伊迪斯的 3 歲小女孩告訴媽媽，她認識禮品盒上「POEN」的第一個字母「O」。這位媽媽非常吃驚，問她怎麼認識的，伊迪斯說：「是薇拉小姐教的」。

這位母親表揚了女兒之後，一紙訴狀把薇拉小姐所在的勞拉三世幼兒園告上了法庭。因為她認為女兒在認識「O」之前，能把「O」說成蘋果、太陽、足球、鳥蛋之類的圓形東西，然而自從勞拉三世幼兒園教她識讀了 26 個字母，伊迪斯便失去了這種能力。她要求幼兒園對這種後果負責，賠償伊迪斯精神傷殘費 1,000 萬美元。

訴狀遞上去之後，在內華達州立刻掀起軒然大波。勞拉三世幼兒園認為這位母親瘋了，一些家長也認為她有點小題大做，她的律師也不贊同她的作為，認為這場官司是浪費精力。然而，這位母親堅持要把這場官司打下去，哪怕傾家蕩產。

3個月以後，此案在內華達州立法院開庭。最後的結果出乎人意料：勞拉三世幼兒園敗訴，因為陪審團的23名成員被這位母親在辯護時講的一個故事感動了。

她說：「我曾到東方某個國家旅行，在一個公園裡見過兩只天鵝，一只被剪去了左邊的翅膀，一只完好無損。剪去翅膀的被放養在一片較大的水塘裡，完好的一只被放養在一片較小的水塘裡。我非常不解，就請教那裡的管理人員。他們說，這樣能防止它們逃跑。我問為什麼？他們解釋，剪去一邊翅膀的無法保持身體平衡，飛起來後就會掉下來；在小水塘裡的，雖然沒被剪去翅膀，但是起飛時會因沒有必要的滑翔路程，而老實地待在水裡。當時我非常震驚，震驚於東方人的聰敏。可是我也感到非常悲哀，為兩只天鵝感到悲哀。今天，我為我的女兒的事來打這場官司，是因為我感到伊迪斯變成了勞拉三世幼兒園的一只天鵝。他們剪掉了伊迪斯的一只翅膀，一只想像的翅膀，人們早早地就把她投進了那片小水塘，那片只有ABC的小水塘。」

這段辯護詞後來成了內華達州修改「公民教育保護法」的依據。現在美國「公民權法」規定，幼兒在學校擁有玩的權利。這項權利的列入是否起因於那位母親的官司，不得而知。不過，有一點美國人非常清楚，這一規定使美國在科技方面始終走在了世界的前列，也使美國出現了比其他國家多得多的年輕的百萬富翁。

(二) 旱冰鞋的產生

英國有個叫吉姆的小職員，成天坐在辦公室裡抄寫東西，常常累到腰酸背痛。他消除疲勞的最好辦法，就是在工作之餘去滑冰。冬季很容易就能在室外找個滑冰的地方，而在其他季節，吉姆就沒有機會滑冰了。怎樣才能在其他季節也能像冬季那樣滑冰呢？對滑冰情有獨鐘的吉姆一直在思考這個問題。想來想去，他想到了腳上穿的鞋和能滑行的輪子。吉姆在腦海裡把這兩樣東西形象地組合在一起，想像出了一種「能滑行的鞋」。經過反覆設計和實驗，他終於制成了四季都能用的「旱冰鞋」。組合想像思維法從頭腦中某些客觀存在的事物形象中，分別抽出它們的一些組成部分或因素，根據需要做一定的改變後，再將這些抽取的部分或因素，構成具有自己的結構、性質、功能與特徵的能獨立存在的特定事物形象。

五、形象思維游戲實戰體驗

1. 金字塔的線索

根據圖3-1金字塔圖提供的線索，「?」處的圖形應該是下列5項中的哪一個？

圖 3-1

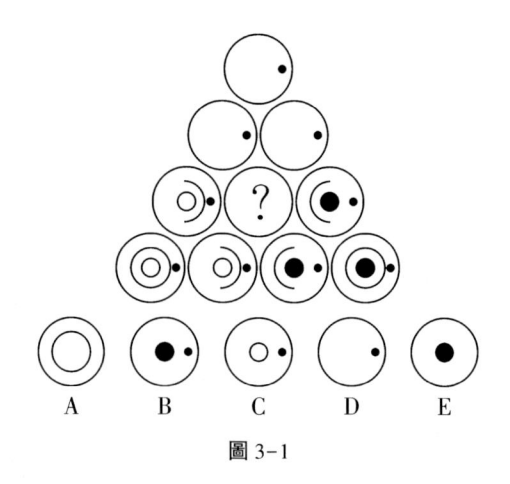

2. 長筒襪

一位女士的抽屜裡共有 43 雙長筒襪，其中 21 雙是藍色的，8 雙是黑色的，還有 14 雙是帶條紋的。碰巧她房間裡的燈泡壞了，看不清楚抽屜裡襪子的顏色。

假設現在她想每種顏色各拿一雙，那麼至少要拿多少只長筒襪？

3. 買吃的

在一家商店裡，孩子們可以買炸薯條、糖果和汽水，只買糖果的孩子比只買炸土豆條的孩子多 2 人，有 37 個孩子沒有買糖果。買炸土豆條和汽水但沒有買糖果的孩子比只買糖果的孩子多 2 人。總共有 60 個孩子買汽水，但其中只有 9 個孩子買汽水，12 個孩子只買炸土豆條。只買糖果的孩子比買糖果和汽水的孩子多 1 人。買炸土豆條和糖果，但沒買汽水的孩子比買炸土豆條和汽水但沒有買糖果的孩子多 3 人。請問：

(1) 多少孩子 3 樣東西都買？

(2) 多少孩子買炸土豆條和糖果，但沒買汽水？

(3) 多少孩子買炸土豆條和汽水，但沒有買糖果？

(4) 多少孩子來到這家商店？

(5) 多少孩子沒有買炸土豆條？

(6) 多少孩子只買糖果？

4. 時鐘在變化

如圖 3-2 所示，問號處應該填寫什麼？

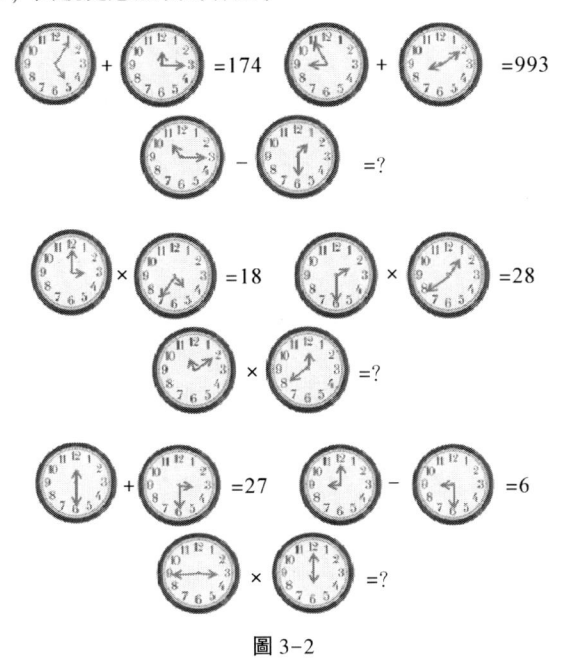

圖 3-2

5. 圓圈串

在下邊的每個問題中，前 3 串的數值已經給出（如圖 3-3 所示），請計算出最後一串的數值。黑色、白色和灰色圓圈所代表的數值不同。

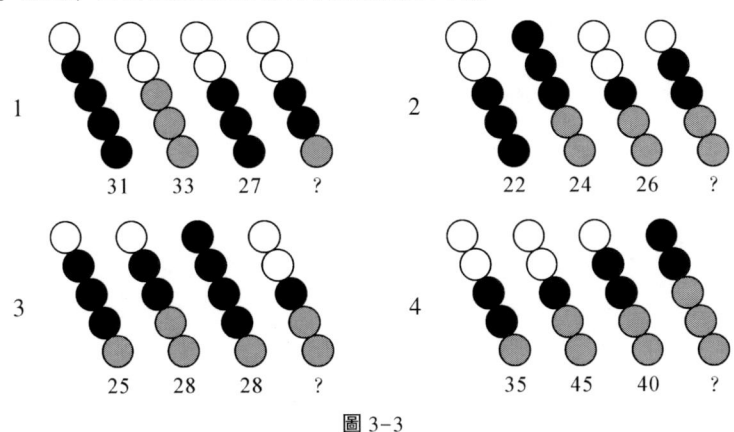

圖 3-3

6. 按鍵上的數字

如圖 3-4 所示，問號處應該填寫什麼？

創新思維案例

2764	1424	48		7935	2765	1755		6459	5204	200
9534	4512	202		6188	5368	3604		7288	5166	360
6883	4824	?		9856	5488	?		9768	7422	?

圖 3-4

7. 奇形怪狀的圖形變換

如圖 3-5 所示，問號處應該填什麼？

（1）　　　　　　　　　　　　（2）

（3）　　　　　　　　　　　　（4）

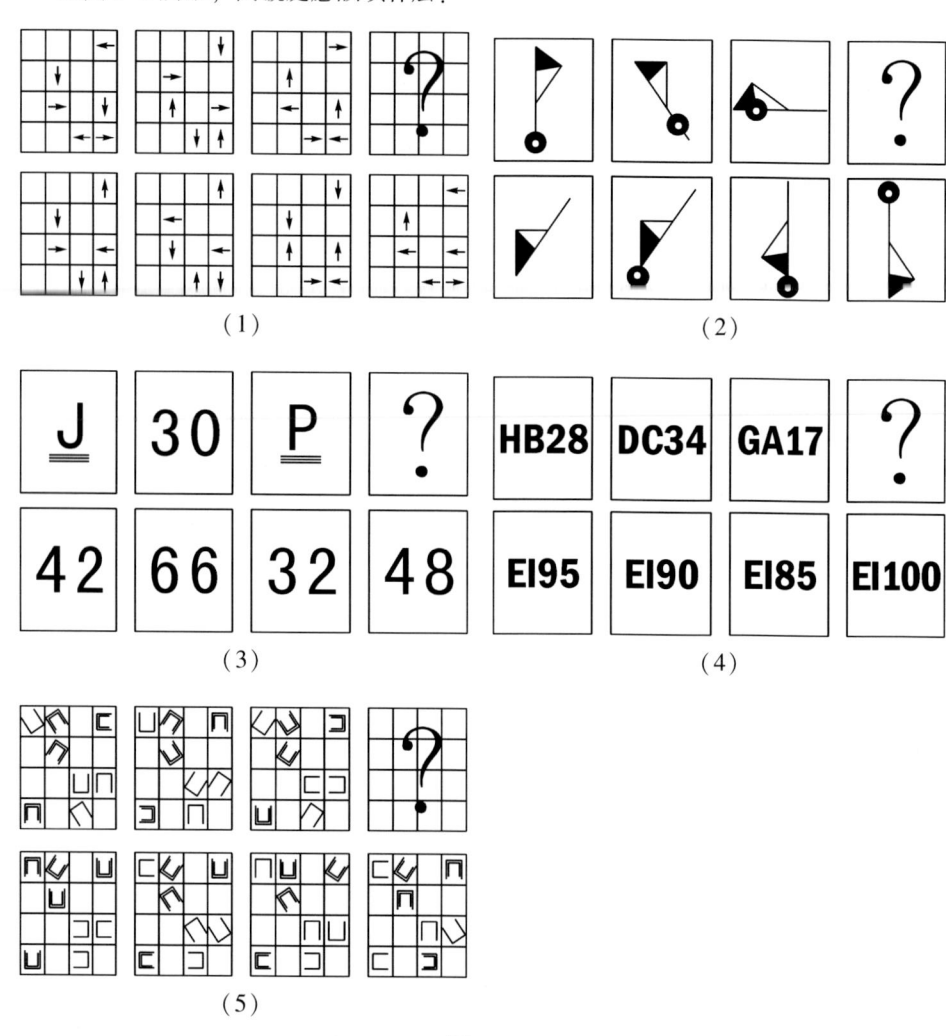

（5）

圖 3-5

34

8. 摸彩球

在一個袋子裡裝有 4 個球（如圖 3-6 所示）：1 個黑色、1 個白色、2 個紅色。現有一人從中隨機地取出 2 個球。在看過取出來的球之後，他說道：「我摸的球中有一個是紅色。」請問他摸出的另一個球也為紅色的概率是多少？

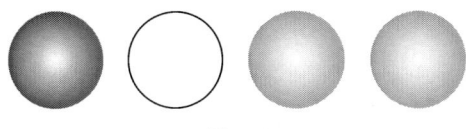

圖 3-6

9. 船夫的問題

一個人把 5 個孩子留給船夫，並且告訴他必須用最少次數的擺渡把 5 個孩子都帶到河的對岸，最終每個孩子都有相同次數的單程旅行。這些孩子的年齡各不相同。每次船夫只能帶最多兩個孩子加上他自己過河。年齡相鄰的任何一對孩子都不能在船夫不在的情況下被留在岸上。只有船夫能夠划船。請問需要擺渡多少次？順序是怎樣的？

10. 滿滿的一桶葡萄酒

一艘輪船失事之後，一桶葡萄酒杯衝到了岸邊，卡在了岸邊的岩石上，但不太牢靠。島上唯一的居民僅僅有一個橡皮塞瓶子，塞子正好塞住桶頂端的一個洞（如圖 3-7 所示）。他還有源源不斷的淡水可飲用。他搬不動酒桶，也不能把酒桶打破，因為害怕其中的葡萄酒流出許如果不允　把水灌進桶，而且他也不希望弄髒葡　萄酒，那麼他怎樣才能把葡萄酒灌進瓶子裡？

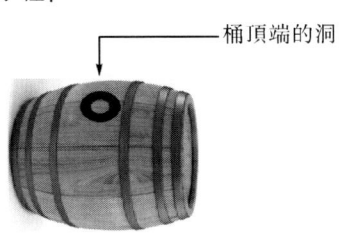

桶頂端的洞

圖 3-7

第四章　逆向思維訓練

一、個性測試：決心

要想成為天才，你需要有相當大的決心。你會遇到無數的困難，必須將其全部克服。嘗試下邊的測試題，看看你的決心如何。
1. 你會對一個問題的解答持否定態度嗎？
（1）不會，我會盡量理解。
（2）會，我經常沒法理解。
（3）我設法不，但有時是難免的。
2. 你有明確的生活目標嗎？
（1）當然有了，我每時每刻都在考慮。
（2）沒有，我不怎麼考慮這個問題。
（3）有，我想我有。
3. 你總能實現自己的抱負嗎？
（1）只是有時能。
（2）是的，我從來沒有失敗過。
（3）不，通常我會陷入困境。
4. 你感覺自己的問題通常能夠解決嗎？
（1）是，總有辦法的。
（2）通常都有解決辦法。
（3）有些問題解決不了。
5. 你是否經常對生活不抱什麼希望？
（1）從來沒有，那不是我的生活態度。
（2）有時候麻煩事確實太多。
（3）是的，我多數時間都有那種感覺。
6. 你是否會允許他人妨礙你做想做的事情？
（1）我想有時是沒辦法的事。
（2）你，我決不允許。
（3）常有的事。
7. 批評會阻止你走自己選的道路嗎？
（1）根本不會。
（2）有時會。

（3）會，我發現它讓我大大受挫。
8. 你有遠大的抱負嗎？
（1）根本沒有。
（2）有一點點。
（3）有，抱負對於我的生活很重要。
9. 你對自己想成就的東西非常清楚嗎？
（1）不完全清楚。
（2）我有一些想法，但時常改變主意。
（3）是，我完全清楚。
10. 如果有必要，為了給自己的計劃籌集資金，你會做一些不體面的工作嗎？
（1）不會，我認為我做不了。
（2）會，我當然會。
（3）也許我會，但我不會太喜歡做。
11. 你能夠忍受傻子的打擾嗎？
（1）能夠，我確實非常有耐心。
（2）有時能夠。
（3）不能夠。
12. 你認為自己的工作比他人的問題重要得多嗎？
（1）不，我認為這太傲慢了。
（2）是，我有時這麼認為。
（3）我肯定這麼認為。
13. 你是否會考慮放棄自己的計劃，做些其他不太費神的事情？
（1）我想我可能會。
（2）是，我確實考慮過。
（3）不會，我不會放棄。
14. 如果你病得非常嚴重，你是否仍然會努力完成工作？
（1）是，工作到我剩下最後的一口氣。
（2）不，我更願意與家人一起度過。
（3）也許會，但要看一些其他因素。
15. 你會讓家人和朋友插在你和工作之間嗎？
（1）絕對不會。
（2）會，在某種程度上會。
（3）會，我是個非常顧家的人。
16. 為了完成你自己計劃的工作，你會做出一些個人的犧牲嗎？
（1）不，我想不會。
（2）是，但必須要有限度。
（3）我可以付出任何代價。

17. 你會受到諸如個人享受這種問題的影響嗎？
　（1） 不會，我從來沒有想過這樣的問題。
　（2） 會，我需要舒舒服服的，才能好好工作。
　（3） 我需要適度的享受，但是如果需要，我也可以將就著過。

18. 你願意經常為了趕任務而不睡覺嗎？
　（1） 不，我不能那樣做。
　（2） 是，那只是一個小小的犧牲。
　（3） 可能會，短時間之內吧。

19. 如果把性情分為 10 個等級（1＝隨和，10＝殘忍），你會把自己劃分為哪個等級？
　（1） 1～3。
　（2） 4～6。
　（3） 7～10。

20. 你認為他人會把你看作是一個有決心的人嗎？
　（1） 當然了。
　（2） 也許吧。
　（3） 可能不會。

21. 你會讓工作占據自己大部分睡眠時間嗎？
　（1） 是，我很少考慮其他事情。
　（2） 我工作很努力，但不是所有的時間都如此。
　（3） 不，我不會干那麼多。

22. 如果把工作的重要性分成 10 個等級（1＝一點也不重要，10＝幾乎和呼吸一樣重要），你認為工作對你的重要程度如何？
　（1） 1～3。
　（2） 4～6。
　（3） 7～10。

23. 你會因為生活中小小的挫折而憂慮嗎？
　（1） 是，他們都快把我弄瘋了。
　（2） 有時我會很煩躁。
　（3） 不，我不會為他們擔憂的。

24. 你希望他人明白你工作的重要性嗎？
　（1） 不，當然不會。
　（2） 是，一定會。
　（3） 有時這是必要的。

25. 你感覺他人的問題占用你的寶貴時間了嗎？
　（1） 是，這讓我很憤怒。
　（2） 不，我從來不介意。
　（3） 如果很忙的話，它會讓我很討厭。

得分

	1	2	3		1	2	3		1	2	3
1.	b	c	a	10.	a	c	b	19.	a	b	c
2.	b	c	a	11.	a	b	c	20.	c	b	a
3.	c	a	b	12.	a	b	c	21.	a	b	c
4.	c	b	a	13.	b	a	c	22.	a	b	c
5.	c	b	a	14.	b	c	a	23.	c	b	a
6.	c	a	b	15.	c	b	a	24.	a	c	b
7.	c	b	a	16.	a	b	c	25.	b	c	a
8.	a	b	c	17.	b	c	a				
9.	a	b	c	18.	a	c	b				

得分與評析

本測試最高分為 75 分。

◆70~75 分

你的決心如此之大，真讓人害怕。你表現得冷酷無情，也許有助於你成功，但是會讓你缺少朋友。然而，天才有需要朋友的時候？對於你來說，工作就是一切。

◆65~74 分

你的決心很大，而且對你自己也很苛刻。你對工作之外的事情並不是完全不關心，但只是感覺很難有時間來考慮他們。

◆45~64 分

你非常苛刻，但也懂得在自己生活中為他人留出一點餘地的必要性，你的性格中有柔弱的一面，這使得人們感覺你有吸引力。然而，你也許沒有達到天才高度的推動力。

◆44 分以下

是不是你沒有認真對待這個測試？祝你愉快！你不是一個天才。

二、逆向思維知識點鞏固

（一）逆向思維的特性

逆向思維是指對似乎已成定論、司空見慣的事物或者觀點，從反面提出問題、分析問題、解決問題的一種思維方式。逆向思維往往能夠突破常規的束縛，產生出奇制勝的效果。需要注意的是，逆向思維並不是主張人們在思考時違背常規，不受限制地胡思亂想，而是一種小概率思維模式，即在思維活動中關注小概率可能性的思維。

1. 普遍性

普遍性，即逆向思維的運用普遍地存在於人們的學習、生活、工作中。任何事物都具有正反兩個方面，因而逆向思維在不同的領域、各種活動中都具有適用性。思維實踐證明，人們已經在各個領域和不同活動中運用著逆向思維。

2. 逆向性

逆向思維具有逆向性，即逆向思維與常規思維處於相反的位置。

3. 新穎性

新穎性指逆向思維是一種打破常規，通過新穎、特殊的方法或思維解決問題的思維方式。循規蹈矩的思維和傳統方式解決問題，雖然簡單，但往往只能得到一些司空見慣的答案。逆向思維跳出傳統的思維框架，結果往往出人意料，給人耳目一新的感覺。

(二) 開發逆向思維的方法

1. 反向思維

反向思維即直接質疑普遍接受的信念或做法等，查看它的反面是什麼，若是事物的對立面合理，則直接朝著事物對立面發展。

通常，在以下情況下可以進行反向思維：

（1）考慮要做某些相反的事情；

（2）考慮用其對立面來考慮某物；

（3）如果意識到別人是錯誤的，而你是正確的，但你仍然認為對方錯誤的觀點中有值得肯定的地方。

2. 對比思維

對比思維即人們在思考時，同時也在大腦中構想或引入事物的正反兩個方面，並使它們同時存在於大腦裡，思考它們之間的關係，對相似之處、正與反、相互作用等進行綜合、比較、分析，然後創造出新事物。

3. 正反綜合思維

正反綜合思維即觀察思考一種觀念或做法，再對其反面進行思考和挖掘，然後將其反面容納於原本的觀念或做法之中，將兩者融合成第三種觀念，即變成一種新的獨立的觀念。這種思維進行的過程往往需要3個連續的步驟，即論題、反題以及合題。

三、拓展閱讀啓發——蒙牛成名之路：「先建市場，再建工廠」

1999年，蒙牛公司註冊5個月後，牛根生籌集到一千多萬元資金。如果按照一般企業的發展思路，首先建廠房，購買設備，生產產品。然後打廣告，做促銷，產品有了知名度，才能有市場。牛根生一算，如果這麼去做，這筆錢恐怕連建廠房、購買設備都不夠。等產品出來了，黃花菜都涼了，哪裡還有錢去開發市場？牛根生認為要打破一般企業的常規成長之路，他提出「先建市場、再建工廠」的理念。

有了這個理念，牛根生和他的團隊就開始操作並實施他們的計劃了。牛根生先用三百多萬元在呼和浩特市進行廣告宣傳，因為呼和浩特城市不太大，三百多萬元足以形成鋪天蓋地的廣告效應。幾乎在一夜之間，許多人都知道了「蒙牛」。

牛奶業是傳統行業，對資源和資本的依賴性比較強，如果按照常規思路，蒙牛想

要發展將困難重重。但牛根生卻運用高超的經營經驗和企業運作方式，成就了今天的蒙牛公司，他靠的就是獨特的思維方式。「先建市場，後建工廠」是牛根生充分運用逆向思維的成果。先創品牌，營造自己的市場環境，再投入生產，這就是常滿智慧和經驗的思維模式。

四、案例啟發

（一）水對消除灰塵作用不大──無水清潔用品推出

　　保潔公司的無水清潔產品的推出就是因「水對消除塵土不起作用」這一發現而推出的新產品。受保潔公司委託，Continuum 諮詢公司研究人員觀察如何清潔地板，並手動體驗。觀察和試驗結果很明顯，人們都覺得拖地是一件很無趣的家務，但同時又發現了一個意外，那就是：水並不能有效地消除灰塵。然後他們問自己：「這是什麼原因？」通過這個問題，他們發現人們的期望與現實是有差距的，即拖布的實際作用與人們想像中不同：水對消除灰塵沒有作用，反而經常會將灰塵濺得到處都是。由於靜電的作用，灰塵會被吸附在乾燥的拖把上。消費者需要的不是可以與水能更好協作的拖布，而是希望能將地板擦乾淨。這個結論揭示了消費者需求與實際產品之間的差距，從而開發出無水清潔用品的商機。保潔公司開發的無水清潔用品 Swiffer 品牌每年給保潔公司帶來了超過 5 億美元的收入。

（二）「受傷」的蘋果

　　詹姆士是美國新墨西哥高原經營果園的一名果農，每年他都用郵遞的方式把成箱的蘋果零售給顧客。有一年冬天，新墨西哥高原降下了一場罕見的大冰雹，一個個色彩鮮豔的大蘋果被打得傷痕累累，詹姆士心疼極了，心想：是冒著退貨的危險，還是乾脆退還顧客訂金呢？他越想越懊惱，歇斯底裡地抓起一個受傷的蘋果拼命地咬。忽然，他發覺這個蘋果比以前的更甜更脆，汁多味美，但是外觀的確非常難看。這是一對矛盾，蘋果好吃卻不好看。一天，他靈機一動，產生了一個創意。第二天，他根據構想把蘋果包裝起來，裝在箱子裡，並在每個箱子裡貼了一張紙條，寫道：「這次郵寄出去的蘋果，表皮上雖然有點受傷，請不要介意，那是遭受冰雹的傷痕，這才是真正在高原上生產的證據！高原因氣溫較低，因此蘋果的肉質更結實，而且產生一種風味獨特的果糖。」看到這樣的話語，顧客們的好奇心驅使他們迫不及待地拿起蘋果，一探究竟。結果是，顧客們對高原蘋果讚不絕口。原本陷入絕境的詹姆士，因為突發奇想的創意，不但挽救了面臨的重大危機，也因此獲得了專門預定這種「受傷」蘋果的訂單。

　　從上邊的故事可以看出，缺點不一定有害。當我們遇到缺點的時候，要學會思考，想一想缺點能不能利用，想一想它能不能逆用，把缺點變成優點。

五、逆向思維游戲實戰體驗

1. 雙胞胎引起的混亂

一位父親總想要 4 個兒子,他將自己的土地分了 1/4 給自己的大兒子。他祖輩的家庭人口都很多,所以他沒有怎麼考慮這件事。他晚年的時候,有一件奇妙的事情發生,這個奇妙的事情就是他得到了雙胞胎,而且兩個都是男孩,他立即就把剩餘的土地分成了 4 個形狀相同而且面積相等的部分,給剩餘的孩子每人一份。他是如何做到這一點的?

2. 長筒襪

一個人把他的瑞士銀行帳戶的密碼刻在了自己的皮帶扣上(如圖 4-1 所示)。直到死亡,他也沒有把這個秘密告訴他的家人,但是他在遺囑裡說,無論誰識破這個密碼,都可以得到他在瑞士銀行保險櫃的東西。你能破解這個密碼嗎?

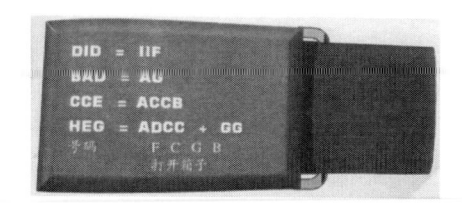

圖 4-1

3. 水的移動

你有 1 盤子水、1 個大口杯、1 個軟木塞、1 根大頭釘和 1 根火柴(如圖 4-2 所示)。你必須把所有的水都弄到大口杯裡,你不能把這盤水端起,也不能向任何方向傾斜,而且你不能使用其他任何設備把水裝入口杯中。如何才能做到這一點?

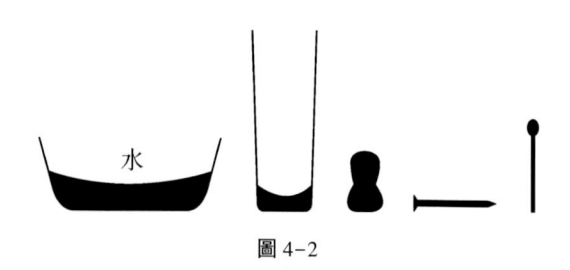

圖 4-2

4. 火柴棍邏輯思維游戲

如圖 4-3 所示，拿走 4 根火柴，你能否重新排列剩餘的火柴棍，使得第 1 行、第 3 行、第 1 列和第 3 列仍然有 9 根火柴棍？

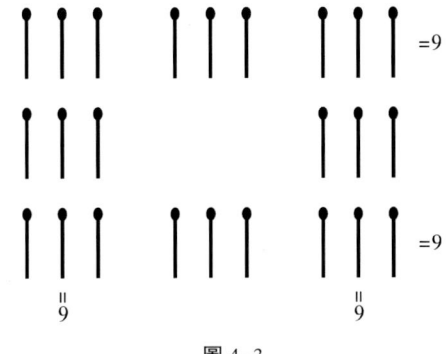

圖 4-3

5. 牙簽的變動

僅僅通過移動圖 4-4 中的 3 根牙簽，你能製作 7 個三角形和 3 個菱形嗎？

圖 4-4

6. 清倉大甩賣

我在甩賣會上買了 3 批 T 恤衫，總價是 260 美分。每批的價格和數量都不相同。每批中，T 恤衫單價的美分數與那批 T 恤衫的數量相同。如果我買了 260 件 T 恤衫，你能告訴我每批的數量嗎？

7. 數字方塊

如圖 4-5 所示，每列數字之間都有一定聯繫。方格上的字母可以幫你找到某種聯繫。根據這種聯繫，空白方格中應該填入什麼數字？

A	B	C	D	E
9	0	9	9	0
5	3	2	8	6
6	2	4	8	
7	2	5	9	
2	1	1	3	2

圖 4-5

8. 胡椒粉與味精

做晚飯的時候，媽媽一不小心把調料盒碰翻了，裡邊的胡椒粉和味精都撒在了桌子上，混在了一起。媽媽看到混在一起的胡椒粉和味精，無奈地說：「真可惜。混在一起就分不開，只好扔掉了。」這時候，正在看電視的小男孩聽到媽媽的話，走過來說：「媽媽。我有辦法把胡椒粉和味精分開，不用扔掉的。」那麼，你知道小男孩是用什麼辦法把胡椒粉與味精分開的嗎？

9. 自動旋轉的奧秘

想像一下，如果沒有外力的情況下，用什麼方法使一個裝滿水的紙盒自己轉動起來（如圖4-6所示）？

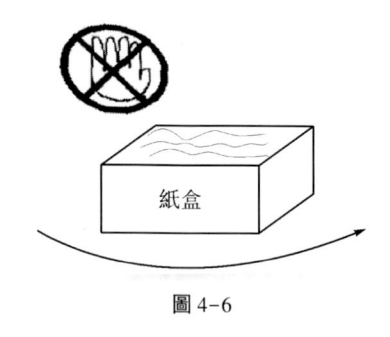

圖 4-6

10. 如何分蘋果

現在手裡有100個蘋果，要求分別放在12個盒子裡，並且保證每個盒子裡的數字中必須有一個「3」。那麼，你知道如何來分配嗎？

第五章　邏輯思維訓練

一、個性測試：集體依賴性

　　下面的測試題用於測試你是屬於獨立的人還是屬於喜歡依賴朋友、家人、同事的人？讓我們拭目以待。
　　1. 你喜歡聚會嗎？
　　（1）不，我更喜歡讀一本書。
　　（2）是，很喜歡。
　　（3）是，但不經常。
　　2. 你是否曾經考慮過獨自一人到野外旅遊？
　　（1）不，我討厭這樣的想法。
　　（2）我也許會，但我會擔心。
　　（3）是，我會那樣做，而且很喜歡。
　　3. 你需要依靠家人的支持來幫你樹立信心嗎？
　　（1）難道不是每個人都這樣嗎？
　　（2）不，樹立信心是自己的事。
　　（3）在某種程度上需要，但在必要的時候我能夠自己樹立信心。
　　4. 你擔心別人怎麼看你嗎？
　　（1）是，當然擔心了。
　　（2）每個人都會有點擔心吧。
　　（3）我從來不擔心。
　　5. 你去上班的部分原因是因為想找人作伴嗎？
　　（1）是，我喜歡社交。
　　（2）是，並且我喜歡時常舉行辦公室派對。
　　（3）不，我不喜歡社交。
　　6. 你會在家一個人工作嗎？
　　（1）是，我喜歡！
　　（2）如果需要的話，我也許會。
　　（3）不，那會把我逼瘋的。
　　7. 你喜歡有人陪伴你嗎？
　　（1）是，事實上我非常喜歡。
　　（2）我喜歡單獨一個人。

(3) 我單獨一個人的時候就會煩。

8. 你喜歡大型公眾集會嗎？
(1) 我努力逃避。
(2) 不太過分的，我還可以。
(3) 我喜歡。

9. 你喜歡團隊運動嗎？
(1) 那是我的最愛。
(2) 我喜歡。
(3) 那還不如我拔一顆牙呢！

10. 你能和魯濱遜交換一下位置嗎？
(1) 是，那將非常適合我。
(2) 我會發瘋的。
(3) 交換一兩週還可以。

11. 如果你可以選擇，你願意選擇下列哪一項？
(1) 出去參加一個大型聚會。
(2) 在家裡度過一個愜意的夜晚。
(3) 找幾個朋友聚餐。

12. 他人的出現會讓你感覺受到威脅嗎？
(1) 不，我喜歡有個人陪伴。
(2) 不，但我也喜歡獨處。
(3) 是，除非不得已，我討厭和他人在一起。

13. 有人說你不合群嗎？
(1) 我？笑話！
(2) 不，沒有人真正這樣說過。
(3) 我想他們會這樣說，這有什麼不對嗎？

14. 你做出一個決定的時候，你感覺需要與同事協商嗎？
(1) 協商什麼呢，那是我的決定。
(2) 我總是非常珍惜來自同事的幫助。
(3) 如果我覺得必要，我可能會詢問同事。

15. 你喜歡逛街嗎？
(1) 喜歡。
(2) 只要不太忙，我非常喜歡。
(3) 連踢帶叫，你才能把我拉去。

16. 你喜歡住在大城市還是小鄉村？
(1) 我喜歡鄉村寧靜的生活。
(2) 住在哪裡我都不介意，關鍵要看住房條件。
(3) 我不能住在鄉村，只有城市生活才是我想要的。

17. 你關注民意測驗嗎？
(1) 要是我能夠不理睬就好了。
(2) 是，我經常關注。
(3) 有時關注，但我有自己的主見。

18. 你有感到過孤獨嗎？
(1) 偶爾。
(2) 是，經常這樣。
(3) 不，我從來不孤獨。

19. 就與他人接觸而言，下面的工作哪一個最適合你？
(1) 以說笑話為主的喜劇演員。
(2) 辦公室工作人員。
(3) 計算機程序員。

20. 你外出社交的頻率如何？
(1) 每週幾次。
(2) 每月幾次。
(3) 很少有。

21. 你邀請朋友聚會的頻率如何？
(1) 每月幾次。
(2) 總是。
(3) 什麼朋友？

22. 你與朋友單獨相處的時候感到過威脅或緊張嗎？
(1) 是，我感到非常急躁不安。
(2) 一點也不。
(3) 一點點。

23. 你願意到國際空間站，在只有兩個宇航員的陪伴下工作1年嗎？
(1) 願意，那會是件非常有趣的事。
(2) 不願意，我會很寂寞。
(3) 我會考慮，但很可能最後不去。

24. 有一棟漂亮的房屋要降價銷售，它距離任何地方都是幾英里（1英里≈1.6千米）遠，你會買嗎？
(1) 我不在乎價格，但我不願住在荒郊野外。
(2) 我不在乎價格，不管怎樣我都想去那裡住。
(3) 我會考慮。

25. 你沒有同他人講過話的時間最長是多少？
(1) 幾天，幾周吧，我真的記不清了。
(2) 幾個小時，我仍然記得當時的低落情緒。
(3) 兩天。現在很高興我又找到了夥伴。

得分

	1	2	3		1	2	3		1	2	3
1.	b	c	a	10.	b	c	a	19.	a	b	c
2.	a	b	c	11.	a	c	b	20.	a	b	c
3.	a	c	b	12.	a	b	c	21.	b	a	c
4.	a	b	c	13.	a	b	c	22.	a	c	b
5.	a	b	c	14.	b	c	a	23.	b	c	a
6.	c	b	a	15.	a	b	c	24.	a	c	b
7.	c	b	a	16.	c	b	a	25.	b	c	a
8.	c	b	a	17.	b	c	a				
9.	a	b	c	18.	b	a	c				

得分與評析

本測試最高分為 75 分。

◆70~75 分

你不需要他人,也不需要他們的陪伴或意見。你可能不受歡迎,但你為什麼又應該在乎這些呢?你甚至都不知道它的意義。你具備天才所需要的以自我為中心的方法。沒人能夠打擾你的工作,除非他們帶著武器來。

◆65~74 分

你一個人非常快樂,不太需要他人。但你不是隱士,也並非對他人完全冷漠。在需要的時候,你會很容易排除他人的干擾,但是你也知道在適合的時候如何與他人聯繫。

◆45~64 分

你非常依賴他人。你不怎麼真正喜歡自己的夥伴,你需要朋友、同事、親戚的愛和支持。你不擁有天才的自給自足的能力。

◆44 分以下

你做這個測試的時候是在一個聚會上,還有另外 6 個人。

二、邏輯思維知識點鞏固

(一) 邏輯思維的特性

邏輯思維是指符合某些人為制定的思維規則和思維形式的一種高級思維方式,邏輯思維遵循特有的邏輯程序,使感性認知階段獲得的對於事物認識的信息形成抽象概念,並運用概念進行判斷。邏輯思維方法主要有歸納、演繹、分析和綜合,進而從抽象上升到具體等。

1. 嚴密性

嚴密性即人在思考過程中遵循一定的規律,有一定的方向性。此外,邏輯思維的嚴密性也表現在它能夠通過細緻、縝密的分析,從錯綜複雜的事情聯繫與關係中認識

事物的本質。

2. 確定性

邏輯思維的確定性表現為兩個方面，一方面是指邏輯思維形式上的固定性，即每一種邏輯思維都有其固定的思維方式，且被檢驗為可行的、正確的。因此，在我們的實際思考過程中可以直接加以使用，以此縮短我們對事物認識、判斷的時間。另一方面，是從結果的相對正確性來說，即按照邏輯思維思考，結果往往被確定為正確、合理的。

3. 歷史性

一方面，歷史進程中科學的發展水準為邏輯思維的研究發展提供條件，邏輯思維是建立在相關學科研究的基礎上，經過提煉、總結、實踐證明等漫長的過程形成的。另一方面，歷史的發展，特別是與邏輯思維關係緊密的學科發展水準制約了邏輯思維的發展。

(二) 開發逆向思維的方法

1. 類比推理法

類比推理用於創新，是把兩個或兩類事物加以比較，並進行邏輯推理，從比較中找到比較對象之間的相似點或不同點，通過同中求異或異中求同來實現創造。這種推理是兩個對象在一系列屬性上相同，而且已知其中一個對象還具有其他屬性，由此推斷另一個對象也具有同樣屬相的推理。它不同於演繹推理和歸納推理，它是從特定對象推導到另一特定對象的推理，是一種獨立的推理類型，是一種或然性推理。

2. 歸納推理法

歸納推理是以許多同類個別事物的判斷為前提，對一般性知識進行判斷並得出結論的推理。英國邏輯學家穆勒《邏輯體系》一書中系統地討論過 5 種探究方法，即求同法、求異法、求同求異法、共變法和剩餘法。

(1) 求同法

求同法亦稱契合法，其基本內容是：如果在被研究現象出現的若干個場合中，僅有一個共同的情況，那麼這個共同的情況是被研究現象產生的原因（或結果）。

(2) 求異法

求異法也稱差異法。基本內容是：如果在被研究對象出現的兩個場合中，僅有一個情況不同且僅出現在被研究現象存在的場合，那麼，這個唯一不同的情況是被研究現象產生的原因（或結果）或必不可少的部分原因。

(3) 求同求異法

求同求異法也稱為契合差異並用法，基本內容是：有兩組場合，一組是由被研究現象出現的若干場合組成的，被稱為正面場合；另一組是由被研究現象不出現的若干場合組成的，被稱為反面場合。如果在被研究現象出現的一組場合中，只有一個共同情況，而在被研究現象不出現的一組場合中，卻都沒有這個情況，那麼，這個情況就與被研究現象之間有因果聯繫。

(4) 共變法

在本研究現象發生變化的各個場合中，被研究對象也隨之發生相應的變化，共變

法的應用過程中，研究對象的變化源於單個因素時，其結論更可靠。

（5）剩餘法

剩餘法是指如果某一已經複合的被研究現象中的某一部分是某情況作用的結果，那麼這個複合現象的剩餘部分就是其他情況作用的結果。

3. 演繹推理法

演繹推理以歸納為基礎，其創造性主要源於演繹過程中形成的科學假說，以及對特殊性的創新性思考，它主要包括聯言推理、選言推理、假言推理。

三、拓展閱讀啓發——京東眾籌明星產品：「請出價」

「請出價」是什麼？網站還是APP？事實上，「請出價」既不是網站也不是APP，它目前只是一個微信公眾號。然而，就是這麼一個微信公眾號，卻已經被估值為1億元人民幣。它為什麼值「1個億」？

「請出價」創始人張帥說：「我們並不打算盲目跟風推出網站或APP，目前，我們更專注於自身產品和用戶量。我們的模式很簡單，由「請出價」發布商品，讓用戶先出價，然後再公布一個合理的價格區間，用戶出價符合這個價格區間的，將購得這件商品。」

就是這個簡單的微信公眾號，已成為京東股權眾籌平臺上線的5個明星產品之一。同時，又爆出其融資額度為1,000萬元，出讓股權10%。也就是說，這個公眾號被估值為1億元人民幣！毋庸置疑，它將成為有史以來最值錢的微信公眾號之一。

（1）C2B模式顛覆傳統

「請出價」是一座在生產者和消費者之間架起的最高效的橋樑。因為它顛覆了現在所有電商平臺的售賣模式，它將定價權交給買家！

從用戶的角度來講，「請出價」縮短了消費者尋找海量商品的時間。消費者只需要向其提供相關的需求信息，如期望產品、期望價格。剩下的就由「請出價」來完成，這樣一來就解決了，由於買賣雙方信息不對稱給消費者帶來的困擾，極大地縮減了用戶的時間成本。

對賣家來說，「請出價」提供的平臺減掉了買賣雙方的討價還價環節，平臺為賣家提供的購買信息有效地解決了賣家大量的時間、精力、人力、物力等成本。「請出價」就可將節約下來的這部分成本讓利給買家，使買賣雙方共贏。

（2）「請出價」的逆向C2B模式很好地保護了商業品牌

事實上，「請出價」平臺中，往往是像「蘋果」這樣的頂級數碼產品銷售居於主導地位，因為普通人也有可能在這裡以低價購買到平時無法購買的奢侈商品。在相對私密的一對一的微信公眾號裡，大眾看不到任何報價信息，只有成功出價的賣家，才能夠知道這次逆向拍賣自己是否中標。在這種模式下，既不會赤裸地降價，損害品牌形象，又能促成交易。所以，沒有哪種銷售模式能比「請出價」能更好地滿足大品牌又要形象又要銷量的夢想了！

四、案例啟發

(一) 16 年謎底的偵破

1940 年 11 月 16 日,紐約愛迪生公司大樓一個窗沿上發現一個土炸彈,並附有署名 FP 的紙條,上邊寫道:「愛迪生公司的騙子們,這是給你們的炸彈!」後來,這種威脅活動越來越頻繁,越來越猖狂。1955 年竟然放上了 55 顆炸彈,並炸響了 32 顆。對此,新聞界連篇報導,並驚呼此行動的惡劣,要求警方給予偵破。

紐約市警察在 16 年中煞費苦心,但所獲甚微。所幸,他們還保留幾張字跡清秀的威脅信,字母都是大寫。其中寫道:「我正為自己的病怨恨愛迪生公司,希望它後悔自己所做的卑鄙罪行。為此,我不惜將炸彈放進劇院和公司的大樓……」警方請來了犯罪心理學家布魯塞爾博士。博士依據心理學常識,應用推理思維,在警方掌握材料的基礎上做了如下分析推理:

(1) 製造和放置炸彈的大都是男人。

(2) 他懷疑愛迪生公司害他生病,屬於「偏執狂」病人。這種病人一過 35 歲後病情就加速加重。所以 1940 年時,他 35 歲,現在(1956 年),他應該是 50 歲出頭。

(3) 偏執狂總是歸罪他人。因此,愛迪生公司可能曾對他處理不當,使他難以接受。

(4) 字跡清秀,表明他受過中等教育。

(5) 約 85% 的偏執狂有運動員體型,可能胖瘦適度、體格勻稱。

(6) 字跡清秀、紙條乾淨,表明他工作認真,是一個兢兢業業的模範職工。

(7) 他用「卑鄙行為」一詞過於認真,愛迪生也用全稱,不像美國人所為,故他可能在外國人的居住區。

(8) 他在愛迪生公司之外也亂放炸彈,這表明他有心理創傷,並形成了反權威情緒,亂放炸彈就是在反抗社會權威。

(9) 他常年持續不斷地亂放炸彈,證明他一直獨身,沒有人用友誼或愛情來愈合其心理創傷。

(10) 他雖無友誼,卻重體面,一定是一個十分講究的人。

(11) 為了製造炸彈,他寧願獨居而不住公寓,以便隱藏和不妨礙鄰居。

(12) 地中海各國用繩索勒殺別人,北歐諸國愛用匕首,斯拉夫國家恐怖分子愛用炸彈。所以,他可能是斯拉夫後裔。

(13) 斯拉夫人多信天主教,他必然定時去教堂。

(14) 他的恐嚇信多發自紐約和韋斯特切斯特。在這兩個地區中,斯拉夫最集中的居住區是布里奇波特,他很可能住那裡。

(15) 持續多年強調自己有病,必是慢性病。但是癌症不能活 16 年,恐怕是肺病或心臟病,肺病現在已經可以治愈,所以他是心臟病患者。

根據這種層層推理的方式,博士最後得出如下結論:

警方抓他時，他一定會穿著當時正流行的雙排扣上衣，並將紐扣扣得整整齊齊。而且，建議警方將上述15個可能性公諸報端。

他重視讀報，又不肯承認自己的弱點。他一定會做出反應以表現他的高明，從而自己提供線索。果不其然，1956年聖誕節前夕，各報刊載這15個可能性後，他從韋斯特切斯特郵寄信給警方說：「報紙拜讀，我非笨蛋，絕不會上當自首，你們不如將愛迪生公司送上法庭為好。」

依循有關線索，警方立即查詢了愛迪生公司人事檔案，發現在20世紀30年代的檔案中，有一個電機保養工喬治梅特斯基因公燒傷，曾上書向公司述說自己感染肺結核，要求領取終身殘廢津貼，但被公司拒絕，數月後離職。此人為波蘭裔，當時（1956年）51歲，家住布里奇波特，父母早亡，與其姐同住一個獨院。他身高1.75米，體重74千克。平時對人彬彬有禮。1957年1月22日，警方去他家調查，發現了製造炸彈的工作間，於是逮捕了他。

當時他果然身著雙排扣西服，而且整整齊齊地扣著扣子。

(二) 可口可樂瓶的設計

1898年，魯特玻璃公司一位年輕的工人亞歷山大·山姆森在與女友的約會中發現女友穿著一套筒型連衣裙，顯得臀部突出，腰部和腿部纖細，非常好看。他突發靈感，根據女友穿的這套裙子的形狀設計出一個玻璃瓶，這個瓶子設計得非常美觀，很像一位亭亭玉立的少女，他還把瓶子的容量設計成剛好能裝一杯水。瓶子試製出來之後，大眾交口稱贊。有經驗意識的亞歷山大·山姆森立即到專利局申請專利。

當時，可口可樂的決策者坎德勒在市場上看到了亞歷山大·山姆森設計的玻璃瓶後，認為其非常適合作為可口可樂的包裝，他便以600萬美元的天價買下了此專利。

亞歷山大·山姆森設計的瓶子不僅美觀，而且使用非常安全，易握不易滑落。更令人叫絕的是，其瓶型的中下部是扭紋型的，如同少女所穿的條紋裙子，而瓶子的中段則圓滿豐碩，如同少女的臀部。此外，由於瓶子的結構是中大下小，當它盛裝可口可樂時，給人的感覺是分量很多。採用亞歷山大·山姆森設計的玻璃瓶作為可口可樂的包裝以後，可口可樂的銷量飛速增長，在兩年的時間內，銷量翻了一番。從此，採用山姆森玻璃瓶作為包裝的可口可樂開始暢銷美國，並迅速風靡世界。600萬美元的投入，為可口可樂公司帶來數以億計的回報。

五、邏輯思維遊戲實戰體驗

1. 1元錢去哪裡了（見圖5-1）

新年到了，一家文具店老板決定促銷兩種新年賀卡。他每種賀卡各拿出30張，第一種賣1元錢兩張，另外一種賣1元錢3張。這60張很快就全部賣完了。

老板記了一下帳：30張1元錢兩張的賀卡收入15元。30張1元錢3張的賀卡收入10元，總共25元。

老板又拿出60張賀卡放在櫃臺上。他發現不知何時兩種賀卡已經混在一起了，生

意太忙了，他也懶得一張張地分開賀卡。忽然他靈機一動，如果 30 張賀卡是 1 元錢賣兩張，30 張是 1 元錢賣 3 張，何不把 60 張賀卡放在一起，按 2 元錢 5 張來賣？這不是一樣的嗎？

文具店關門時，60 張賀卡全按 2 塊錢 5 張賣出去，可是老板點錢時發現只有 24 元，不是 25 元。這讓他很奇怪。

這 1 元錢哪裡去了呢？是不是給顧客找錯了錢？老板百思不得其解。

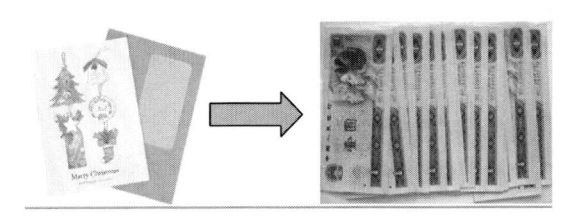

圖 5-1

2. 內川先生的存款單（見圖 5-2）

內川先生正在給女朋友解釋他的存款：「你看，我最初在銀行的存款是 1 萬元，然而我取了 6 次款，這 6 次取款額加起來是 1 萬元。可是按照我的記錄，在銀行我只有 9,900 元可取。」

內川先生的女朋友接過內川先生遞過來的數據，上邊寫著：

取款額	餘額
5,000	5,000
2,500	2,500
1,000	1,500
800	700
500	200
200	0
= 10,000 元	= 9,900 元

圖 5-2

3. 分桃子（見圖 5-3）

小剛和小強在一棵樹上摘到了 9 個桃子，二人商量如何來分。最後他們商量出這樣一個辦法：他們把 9 個桃子放在一起，然後雙方開始輪流從中取出 1 個、3 個或者 4 個，誰能取得最後的桃子，誰就可以多分到對方的一個桃子。那麼這個游戲應該如何來取才能夠取勝呢？

圖 5-3

4. 上級與下級（見圖 5-4）

有一個喜歡表現自我的人，在向別人介紹自己辦公室的同事的情況時，這樣說道：「我和 A、B、C 三人之間是直接上下級關係；A 和 D 有工作聯繫；B 和 E 是直接上下級關係；C 和 F 有工作聯繫；D 和 E 工作聯繫多；E 和 F 工作聯繫也多。我常常給 A、C 布置工作；E 給 D 布置工作；B 給 E 布置工作；E 給 F 布置工作。我則從 B 那裡接受工作任務。」

聽了這段囉嗦的介紹，怎樣盡快知道在這個辦公室中，誰是最高領導，並且依次的關係是什麼？

圖 5-4

5. 現在的時間（見圖 5-5）

A、B、C、D 四人到郊外去旅遊，在一片茂密的森林裡迷路了。森林裡樹木遮天蔽日，甚至都看不到外邊的太陽。走了一會兒，A 忽然問道：「對了，現在是什麼時間？我們差不多該回去了，我的表現在是 12 點 54 分。」其他 3 個人同時看了一下自己的手錶，然後分別作了回答。

B 說：「不，是 12 點 57 分。」
C 說：「我的表是 1 點零 3 分。」
D 說：「我的表是 1 點零 2 分。」

事實上，4 個人的表分別有 2 分鐘、3 分鐘、4 分鐘和 5 分鐘的誤差（這一順序並非對應他們回答時的順序）。你能夠計算現在的準確時間嗎？

圖 5-5

6. 逃獄的囚犯（見圖 5-6）

有 A、B、C 三個人被人誣陷而入獄，被關在一座塔樓上。這座塔樓上只有 1 個窗口可以用來逃跑，沒有其他的出路。現在塔樓上有 1 個輪滑、1 條繩子、兩個籮筐和一個重 30 千克的鐵球。不過當 1 個籮筐比另 1 個籮筐重 6 千克的情況下，兩個籮筐才可以毫無危險地一上一下。在這 3 個人中，A 的體重是 78 千克，B 的體重是 42 千克，C 的體重是 36 千克。那麼，你知道這 3 個人是如何借助已有的這些工具逃跑的嗎？

圖 5-6

7. 新龜兔賽跑（見圖 5-7）

《新龜兔賽跑》的原版結局我們都知道是這樣的，由於兔子貪玩，結果是烏龜勝利了，其實兔子的速度遠遠超過了烏龜。現在有一段總長為 4.2km 的路程，兔子每小時跑 20km，烏龜每小時跑 3km，不停地跑，兔子卻邊跑邊玩，它跑了 1 分鐘，玩 15 分鐘；再跑 2 分鐘，玩 15 分鐘……請問先到達終點的比後到達終點的要快多少分鐘？

創新思維案例

圖 5-7

8. 環球飛行需要幾架飛機（見圖 5-8）

某航空公司有一個環球飛行計劃，但卻受到下列條件的約束。

每架飛機上只有一個油箱，飛機之間可以相互加油（沒有加油機），一箱油可供一架飛機繞地球飛半圈。為了使至少有一架飛機能繞地球一圈後回到起飛的機場，至少需要出動幾架飛機（包括繞地球一週的那架在內）？

注意：所有飛機從同一機場起飛，而且必須安全返回機場，不允許中途降落。中間沒有機場停靠，加油時間暫忽略不計。

圖 5-8

9. 村裡養了幾條病狗（見圖 5-9）

某村一共有 50 戶人家，每家每戶都養了 1 條狗。村長聲稱村裡有病狗，然後要求每戶都檢查其他人家的狗是不是病狗，但為了公平起見，村長要求村民只能檢查別家的狗而不準檢查自己家的狗。病狗必須槍斃，但是無論誰發現了別人家的狗是病狗，都不準聲張。對於別人家的病狗也沒有權利槍斃，只有權利槍斃自己家的狗。第一天村裡沒有聽到槍聲，第二天也沒有，第三天卻傳來一陣槍聲。

請問村裡一共有幾條生病的狗？為什麼？

56

圖 5-9

10. 糖果的數量（見圖 5-10）

桌上有橘子、香蕉、奶油 3 種糖果一共 160 顆，如果取出橘子的 1/3、香蕉的 1/4、奶油的 1/5，則還剩下 120 顆。如果取出橘子的 1/5、香蕉的 1/4、奶油的 1/3，則剩下 116 顆。請問，這 3 種糖果原來各有多少？

圖 5-10

第六章　聯想類比創新思維訓練

一、個性測試：自我形象

考慮自己天才潛力的時候，順便考慮下自己的形象也是一個不錯的想法。下邊的測試可以幫助你認清自己的形象，尤其有助於你明確感覺自己是否有成為天才的潛力。

1. 你感覺是否自己在某些方面是被「精選」出來的？
(1) 是，我始終明白自己有某些特殊的地方。
(2) 不，根本沒有這種感覺。
(3) 我有時會覺得自己有超越他人的地方。
2. 你在某些活動中有超常的表現嗎？
(1) 沒有。
(2) 有，我有一些超常的能力。
(3) 我不知道，也許我沒有發現吧。
3. 名譽對你有吸引力嗎？
(1) 我從來沒有太多地考慮過這個問題。
(2) 我喜歡出名。
(3) 我非常討厭出名。
4. 有人曾經把你作為特殊人才挑選出來嗎？
(1) 有，有時我會被人注意到。
(2) 沒有。
(3) 有，人們經常說我有能力。
5. 你有一種完全支配自己生活的興趣嗎？
(1) 有，有一個領域是我非常感興趣的。
(2) 沒有，我容易對很多事情感興趣。
(3) 我有很多非常熱衷的事情。
6. 你是否有時感覺自己比其他人懂事得多？
(1) 從來沒有，我討厭那樣的感覺。
(2) 是，有時當我感覺自己懂事得多的時候，我會變得不耐煩。
(2) 我不願意承認這件事，但我幾乎每時每刻都有這種感覺。
7. 你會單純地對一些思想感興趣嗎？
(1) 不，我不是一個真正的思想者。
(2) 我喜歡思想，但我也非常現實。

（3）思想確實很令我著迷。
8. 你擅長抽象思維嗎？
（1）是，我總是能夠抽象地思考問題。
（2）不，我的觀點非常現實。
（3）我的抽象思維能力不錯，但不是很突出。
9. 你是否暗自認為自己是一個天才？
（1）是，但我沒有向別人說過。
（2）不，根本沒有過。
（3）有時我認為自己也許是一個天才。
10. 在你死之前可能沒有人會發現你的才能，你為此擔心嗎？
（1）是，很擔心。
（2）我從來沒有想過。
（3）這不會對我有太大的影響。
11. 死後才獲得名聲，這個想法對你有吸引力嗎？
（1）沒有，根本沒有，那對我有何益處呢？
（2）我想被人記住將是件不錯的事。
（3）有，假如人們能夠記住我，我想我會喜歡這個想法。
12. 你願意到外邊度過一個愉快的夜晚，還是喜歡待在家裡學習呢？
（1）為了學習，我願意放棄許多事情。
（2）我願意到外邊玩。
（3）如果學習很重要的話，我也許會待在家裡。
13. 你認為自己具有創新性思維嗎？
（1）我並不這樣認為。
（2）是，我確實相信自己有。
（3）我不太肯定。
14. 人們覺得你的想法有趣嗎？
（1）不，他們不覺得。
（2）有些人曾經這樣說過。
（3）是，人們總是對我說的話很感興趣。
15. 你有時感覺人們不能夠理解你講的話嗎？
（1）是，這讓我很煩惱。
（2）不，我沒有這樣的問題。
（3）是，有時會有。
16. 你對自己的生活很洩氣，而且覺得自己能夠做得更多嗎？
（1）不，我非常安於現狀。
（2）我有時喜歡多做一點。
（3）是，我渴望充分發揮自己的潛力。

17. 你通常自我感覺良好嗎？
    (1) 是，一直自我感覺良好。
    (2) 不，不是那麼經常。
    (3) 大多數時候吧。
18. 你是否覺得自己能夠為世界的未來做出有價值的貢獻？
    (1) 是，我確信這一點。
    (2) 不，我很懷疑。
    (3) 我希望如此，但我不確定。
19. 你擅長克服逆境嗎？
    (1) 不擅長。
    (2) 是，我可以克服一切困難。
    (3) 困難的時候，我會努力的。
20. 你對自己的能力非常自信嗎？
    (1) 是，我從來沒有懷疑過自己的能力。
    (2) 我通常很自信。
    (3) 不，我容易懷疑自己的能力。
21. 你經常努力發展自我嗎？
    (1) 是，一直都在努力。
    (2) 我對此考慮得很多。
    (3) 不，我沒有那麼操心。
22. 你對新知識非常渴望嗎？
    (1) 當然了，始終同步。
    (2) 是，我總是對發現新知識抱有很大的熱情。
    (3) 我非常有興趣拓展自己的知識面。
23. 你與自己領域內的最新發展保持同步嗎？
    (1) 當然了，始終同步。
    (2) 不，我沒有時間。
    (3) 我設法趕上時代的發展，但不總是成功。
24. 在你所擅長的領域，人們向你諮詢過嗎？
    (1) 是，經常諮詢。
    (2) 不，從沒有人來諮詢我。
    (3) 有時會有。
25. 你知道自己有多聰明嗎？
    (1) 是，我測試了自己的智商，得分非常高。
    (2) 是，我認為我非常聰明。
    (3) 不，我從來不關心這事。

得分

	1	2	3		1	2	3		1	2	3
1.	b	c	a	10.	b	c	a	19.	a	c	b
2.	a	c	b	11.	a	b	c	20.	c	b	a
3.	c	a	b	12.	b	c	a	21.	c	a	b
4.	b	a	c	13.	a	c	b	22.	a	c	b
5.	b	c	a	14.	a	b	c	23.	b	c	a
6.	a	b	c	15.	a	b	c	24.	b	a	c
7.	a	b	c	16.	a	b	c	25.	c	b	a
8.	b	c	a	17.	b	c	a				
9.	b	c	a	18.	b	c	a				

得分與評析

本測試最高分為 75 分。

◆70~75 分

你自我感覺良好，而且對於自我價值有非常明智的見解。

◆65~74 分

你沒有太多疑慮，但你非常聰明地知道自己不是一直正確。

◆45~64 分

你對於成為天才沒有真正的自信。

◆44 分以下

你對自己沒有太多的看法，放心吧，你不是一個天才。

二、聯想類比創新思維知識點鞏固

(一) 聯想類比創新思維的特性

聯想法就是從一種物品想到另一種物品，從一個概念想到另一概念，或從一種方法想到另一種方法的心理過程。所謂聯想法，就是在創新過程中對不同事物運用其概念、方法、形象、模式、心理等相似性來激活聯想和想像的機制，從而產生新穎構思、獨特設想的一種創新思維方法。

類比法就是一種確定兩個以上事物間同異關係的思維過程和方法。即根據一定的標準尺度，把與此有聯繫的幾個相關事物加以對照，把握住事物的內在聯繫進行創新。類比法就是一種富有創造性的創新方法，有利於發揮人的想像力，從異中求同，從同中求異，產生新的知識，得到創新成果。

1. 聯想法特點

人們在長期的科學研究和生產實踐中獲得的知識、經驗和方法都存儲在大腦的巨大記憶庫中，雖然這些內容會經時光消磨而逐漸遠離記憶系統，從而進入記憶庫底層，日漸散亂、模糊甚至消失，但通過外界刺激——聯想可以喚醒沉睡在記憶庫底層的記

憶，從而把當前的事物與過去的事物有機地聯繫起來，產生出新的設想和方案。實際上，底層的記憶在很大程度上已轉為人的潛意識。所以，通過聯繫使潛在意識發揮作用、產生靈感，對人們開展創新活動能夠提供很大的幫助。聯想法是創新活動的一種心理仲介，它具有由此及彼、觸類旁通的特性，常常會將人們的思維引向深化，導致創造性想像的形成以及靈感、直覺和頓悟的產生。

2. 類比法特點

它是根據對某一類對比想像的成分、結構、功能、性質等方面特徵的認識，推導出當前要解決問題的可能性的設想。在這裡，相同點是類比的基礎，推斷是類比的表現。發現不了相同點就不會產生類比，不推斷也就不叫類比。

創新與創造活動是對各種事物未知規律的一種探究過程。就人類認識運動的發展程序來說，總是從認識個別的和特殊的事物開始逐步擴大到認識一般和普遍的事物，並由此深入認識事物的內在規律。在掌握了對事物規律性的認識之後，人們又以此為基礎繼續向著未研究過或未曾深入研究的各種具體事物發起探索，以求認識其特殊本質。簡而言之，即從個別到一般，再從一般到個別。

類比法把兩個或兩類事物加以比較並進行邏輯推理，從比較對象之間的相似點或不同點出發，採用同中求異或異中求同機制，來實現創新與創造。

（一）開發聯想類比創新思維的方法

1. 相似聯想

相似聯想即由一種事物想到與它特徵相似、性質相近的事物。

不同事物間總是存在某些相似的地方，從原理、結構、性質、功能、形狀、聲音、顏色等方面對事物之間的相似之處進行聯想來創新就是相似聯想。例如，丹麥著名建築設計師伍重在設計澳大利亞悉尼歌劇院時，由剝開的橘子皮聯想到悉尼歌劇院的構思，從而設計了這個獨特的建築造型。

2. 接近聯想

從空間上或時間上由一事物聯想到比較接近的另一事物，從而激發出新的創意、設計、發明的過程叫作接近聯想。例如，看到雪就想到冬天，看到天安門就想起人民大會堂。其中，冬與雪在時間上是接近的，天安門廣場與人民大會堂在空間上是接近的。一般來說，空間接近的，時間上往往也接近；時間上接近的，空間感知也勢必接近，時空的接近往往有內在聯繫。

3. 對比聯想

對比聯想，即由一種事物想到它對立面或反面的其他事物。可以說，對比聯想是相似聯想的另一種形式。

任務事物都是由許多要素組成的，其中包含事物本身的對立面或相反面，例如，由堅硬想到柔軟，由嚴寒想到酷熱等。對比聯想往往在一對對立事物之間進行，既反應事物的共性，又反應事物的個性。如黑暗和光明，其共性是二者都是表示亮度的，個性是前者亮度小，後者亮度大。這種聯想容易使人看到事物的對立面，具有對立性、挑戰性和突破性，這對我們全面地從整體上看問題是很有好處的。對比聯想屬逆向思

維，常常會產生意想不到的效果。

4. 直接類比法

直接類比法就是從自然界或已有成果中發現與創新對象類似的事物，將創新對象與相類似的事物直接進行比較，在原型的啟發下產生新設想的一種創新方法。例如，將直升機和蜻蜓進行類比，探索它們的飛行原理和構造。利用直接類別法使新設想產生的關鍵是要善於觀察和判斷，要保持開放和有準備的頭腦，不放過任何機遇，從事物的諸屬性中獲得新設想的啟示。

5. 間接類比法

間接類比法就是用非同一產品進行類比，以產生創新的設想。在現實生活中，有些創新缺乏可以比較的同類對象，這時就可以運用間接類比法。例如，空氣中存在負離子，可以使人延年益壽、消除疲勞，還可以輔助治療哮喘、支氣管炎、高血壓、心血管病等，但負離子只有在高山、森林、海灘、湖畔才比較多。後來人們通過間接類比法，創造了水衝擊法，產生了負離子；後再採用衝擊原理，成功創造了電子衝擊法，這才產生了現在市場上銷售的空氣負離子發生器。採用間接類比法，可以擴大類比範圍，使許多非同一性、非同類的行業由此得到啟發，創造新的活力。

6. 模仿法

這是一種最古老、應用最廣泛的創新方法，即模仿、借鑑已有事物的某些有效因素而開發出新事物的方法。通過模擬某一事物有用的特徵，來發明一種新的事物，不是單純的模仿、簡單的重複和再現，而是包含一種新的發展。運用模仿法的關鍵是要做到「仿中有創、創中有仿、創仿結合」。

7. 擬人類比法

擬人類比就是將人體比作創造對象或將創造對象視為人體，由人及物、以物擬人，從中領悟兩者相通的道理，促進創新思維的深化和創造活動的發展。

8 因果類比法

兩個事物的各個屬性之間，可能存在著同一因果關係，因此，可以根據一個事物的因果關係，推出另一個事物的因果關係，這種類比法就是因果類比法。

9. 綜合類比法

根據一個對象要素間的多種關係與另一對象綜合相似而進行的類比推理，叫作綜合類比。兩個對象要素的多種關係綜合相似，就意味著他們的結構相似，由結構相似可推出他們的整體特徵和功能相似。

三、拓展閱讀啟發——「三只松鼠」的品牌秘訣

「三只松鼠」品牌於 2012 年 6 月開始在天貓商城試營運，上線僅一個月，銷售額就突破 2,000 萬元，一年的銷售額就破 1 億元。2013 年 4 月榮獲「全國堅果炒貨行銷十強企業」稱號，2013 年 8 月榮獲「2013 年中國創新產品十強」稱號。

這個品牌發展得如此之快，那麼它有什麼秘訣呢？

該品牌的創始人章燎原接受重慶商報記者採訪時說，品牌為先、做足細節、用超

預期的用戶體驗一環扣一環地吸引消費者，就是其打造「三只松鼠」品牌的秘訣。

章燎原具有品牌意識，他表示，消費者需要一個有情感的品牌。因此，他創立了一個鮮活的「三只松鼠」品牌，松鼠擬人化、可互動、傳播性強，同時，名稱也非常好記。

「三只松鼠」開創了中國電商客服場景化的服務模式——淘寶客服化身為擬人的「松鼠」，親切地稱買家為「主人」，並從客服到售後，帶給買家一次完整的「松鼠與主人」的購物體驗，以此，來增加品牌的趣味性與獨特性。

當買家打開「三只松鼠」的網店頁面，首先映入眼簾的便是三只活靈活現的卡通小松鼠。再往下拉，就是一串以松鼠名字命名的淘寶客服。在客服溝通上，「三只松鼠」也大膽創新，一改過去淘寶「親」的稱呼，改稱為「主人」，並以松鼠的口吻解答所有的問題。「主人」這一叫法，會立即使關係演變成主人與寵物的關係，客服妹妹扮演為「主人」服務的松鼠，這種購物體驗就像在玩 Cosplay。這就意味著，顧客成了主人，客服就變成了一個演員，把商務溝通變成了話劇。而當買家收到堅果後，打開包裹也能發現帶有「三只松鼠」LOGO 的購物袋、箱子、雜誌等一系列配套物品。

章燎原說，現在網購的主力群體是年輕人，他們非常看重在互聯網上的社交互動。而當品牌徹底擬人化以後，就可大大增強與賣家的互動性。在章燎原的一系列設計下，「三只松鼠」被成功地塑造成一個能給年輕人帶來深刻印象的「賣萌」品牌。

四、案例啓發

（一）月球儀

有一位名叫阿·布魯特的退休老人，他和其他退休老人一樣，每天都是以看電視來消磨時間。有一天，電視裡播放了有關月球探險的節目。在電視屏幕上，主持人煞有介事地將月球的地圖攤開，並口若懸河地加以講解。這位荷蘭老人心想：「看這種月球平面圖效果不好。月球和地球都是圓的，既然有地球儀，同樣也可以有月球儀。地球儀有人買，月球儀可能也會有人買啊！」於是，老人開始傾註全部精力來研製月球儀。當第一批製作好後，老人就在電視和報紙上刊登廣告。果然不出他所料，世界各地的訂單源源不斷地擁來。從此，他每年靠研製月球專利就可以賺 1,400 多萬英鎊。老人運用的就是類比聯想法，從地球儀聯想到月球儀，創造了大量財富。

（二）卡介苗的誕生

在 20 世紀初的一天，法國細菌學家卡默德和介蘭一起來到一個農場，他倆看見地裡長著一片低矮的玉米，穗小葉黃，便問農場主：「玉米為什麼長得這麼差呀，是缺肥料嗎？」農場主回答說：「不是。這種玉米引種到這裡來，已經十幾代了，所以有些退化了。」卡默德和介蘭聽後不約而同地陷入了沉思，他們都馬上聯想到自己正在研究的結核杆菌。他們想，毒性強烈、給人類帶來了巨大危害的結核杆菌，如果將它像玉米一樣一代一代地定向培養下去，它的毒性是不是會退化呢？如果也會退化的話，將這種退化了的結核杆菌注射到人體內，那它不是就能使人體產生免疫力了嗎？正是以這

樣的對比聯想為基礎，他們倆才花費了 13 年時間的反覆研究，培育了 230 代結核杆菌，最終培育出了對人類做出巨大貢獻的人工疫苗。為了紀念功勳卓越的生物科學家卡默德和介蘭，使人便將他們所培育出來的人工疫苗稱為「卡介苗」。

五、聯想類比創新思維遊戲實戰體驗

1. 海盜分贓物

A、B、C、D 和 E 這 5 個很精明的海盜搶到了 100 塊金幣（如圖 6-1 所示），他們決定依次由 5 人來分。當由 A 分時，剩下的海盜表決，如果 B、C、D、E 這 4 個人中有一半以上反對就把 A 扔下海，然後再由 B 分……以此類推。但如果一半及以上的人同意，就按 A 的分法。

請問 A 要依次分給 B、C、D、E 多少金幣，才能不被同伙扔下海並且讓自己拿到最多？

圖 6-1

2. 樓梯臺階數

一條長長的樓梯（如圖 6-2 所示），若每次跨 2 階，最後剩 1 階；每次跨 3 階，最後剩 2 階；每次跨 4 階，最後剩 3 階；每次跨 5 階，最後剩 4 階；每次跨 6 階，最後剩 5 階；每次跨 7 階，恰好到樓頂。問這條樓梯最少是多少階？

圖 6-2

3. 相乘的結果

當賽核對自己的補給品時，他在布袋上邊發現了一些有趣的東西。如圖 6-3 所示，布袋每 3 個放在一層，共有 9 個布袋，上邊分別標有從 1 至 9 這幾個數字。在第一層和第三層，都是一個布袋和另外兩個布袋分開放；而中間那層的 3 個布袋則被放在一起。如果他將第一層單個布袋的數字 7 乘以與之相鄰的兩個布袋的數 28，得到 196，也就是中間 3 個布袋上的數字，然而，如果他將第三層單個布袋的數字 5 與之相鄰的兩個布袋的數 34 相乘。則得到 170。

於是，當賽想出一道題，你能否盡可能少地移動布袋，使得上、下兩層上的每一對布袋上的數字與各自單個布袋上的數字相乘的結果都等於中間 3 個布袋上的數字呢？

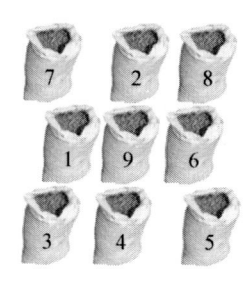

圖 6-3

4. 電視機的價格

麥克因工作繁忙，決定臨時請尼克來協助他的工作。規定以一年為期限，一年的報酬為 600 美元與一臺電視機。可是尼克做了 7 個月後，因急事必須離開麥克，並要求麥克支付給他應得的錢和電視機。由於電視機不能拆散付給他，結果尼克得到了 150 美元和一臺電視機。

現在請你想一想，這臺電視機值多少錢？

5. 俱樂部難題

網球俱樂部（如圖 6-4 所示）共有 189 名成員，其中男性成員 140 名，另外，通過統計得知 8 人加入時間不到 3 年，11 人年齡小於 20 人，70 人戴眼鏡。

現在請你估計加入時間不小於 3 年，年齡不小於 20 的戴眼鏡的男性成員最少有幾人？

圖 6-4

6. 路程

在一次遠徵北極的旅行中，探險團的一名成員打算為自己找一位新娘。這一地區的土著居民都睡在熊皮做的睡袋裡，求婚的風俗習慣是要讓害著相思病的情郎偷偷摸摸進屋去，把他夢寐以求的新娘連同睡袋一起背走。

這位情郎需要走完一段相當長的路程。他空身前去時的速度為每小時 5 英里（1 英里≈1.6 千米），負重返回時的速度為每小時 3 英里，往返一共花去整整 7 小時。當他打開睡袋，向同船的夥伴出示他的戰利品時，卻發現自己犯了一個致命的錯誤，背回來的竟是那位姑娘的外公。

現在你能否計算出，在這次值得紀念的旅行中，這位冒險的情郎究竟走了多少路呢？

7. 分工資

你讓工人為你工作 7 天，給工人的回報是一根金條。金條平分成相連的 7 段，你必須在每天結束時給他們一段金條，如果只允許你兩次把金條弄斷，你如何給你的工人付費呢？

8. 數字磚塊的規律

娛樂節目上常常會有很多好玩的題要給嘉賓回答，用以測驗嘉賓們的思維能力和反應力，在這期節目中，主持人出了這樣一道題，請你試著觀察，能否發現其中的奧秘，猜出問號處的數字？

7935	2765	1755
6188	5368	3604
9856	5488	?

圖 6-5

9. 倒油

有一個商人用一個大桶裝了 12 千克油到市場上去賣，恰好市場上兩個人分別帶來了 5 千克和 9 千克的兩個小桶，但他們要買走 6 千克的油，而且一個人買了 1 千克，另一個人買了 5 千克，這個商人要怎樣稱給他們呢？

圖 6-6

10. 緊急偵破任務

某偵查股長接到一項緊急偵破任務，他要在代號為 A、B、C、D、E、F 六個隊員中挑選若干個人偵破一件案子。人選的配備要求，必須滿足下列各點：

(1) A、B 兩人中至少去一人；
(2) A、D 不能一起去；
(3) A、E、F 三人中要派兩人去；
(4) B、C 兩人都去或都不去；
(5) C、D 兩人中去一人；
(6) 若 D 不去，則 E 也不去。

請問應該讓誰去？為什麼？

第七章　問題解決思維訓練

一、個性測試：遠見

　　你有遠見嗎？他人看不到的潛在事物，你能看到嗎？你理解問題比他人深嗎？嘗試下面的測試題，看看你是否有天才所具備的遠見。
　　1. 你理解的事物，是否其他人經常不理解？
　　（1）是，總是有這樣的情況發生。
　　（2）我有時有那樣的經歷。
　　（3）不，我沒有這樣的情況。
　　2. 你可以看到一些其他人忽視的細節嗎？
　　（1）不，沒有。
　　（2）是，我就是這樣的人。
　　（3）有時會有。
　　3. 你有他人不理解的想法嗎？
　　（1）不，從來沒有。
　　（2）總是有。
　　（3）偶爾有。
　　4. 你認為自己很超前嗎？
　　（1）我不這樣認為。
　　（2）多少有一點吧。
　　（3）毫無疑問。
　　5. 你會因為人們跟不上你的節奏而變得不耐煩嗎？
　　（1）不，我沒有發生過這樣的事。
　　（2）發生過，但不經常。
　　（3）是，我就是那樣的人。
　　6. 你認為自己是一個有遠見的思想家嗎？
　　（1）是，肯定是。
　　（2）不，我不是。
　　（3）我有時候是。
　　7. 你總有機智的想法嗎？
　　（1）總是有。

(2) 很少有。

(3) 有時有。

8. 你經常感覺自己會發展一些新概念嗎？

(1) 不，沒有。

(2) 是，總是。

(3) 經常。

9. 他人是否認為你有一些新奇的事情要講。

(1) 是，我認為他們有這種感覺。

(2) 不，我懷疑這一點。

(3) 這是眾所周知的。

10. 你是一個大家公認的革新者嗎？

(1) 不，我不敢那樣講。

(2) 是，當然是了。

(3) 也許有時是吧。

11. 你的思想以任何形式出版過？

(1) 是，經常。

(2) 是，有過一兩次。

(3) 不，從來沒有。

12. 你為自己超前的思維不被人理解而感到失望嗎？

(1) 我沒有這樣的情況。

(2) 是，我都快瘋掉了。

(3) 我有時會這樣。

13. 你的思想在國外也很有名嗎？

(1) 根本沒有。

(2) 是，我享有國際聲譽。

(3) 在海外，只有少數人知道我。

14. 你發展過一些有全球影響力的概念嗎？

(1) 有一兩個。

(2) 沒有。

(3) 有，我的工作在世界上可重要了。

15. 對於在你所研究領域的高級專家面前開講座、傳達思想，你有足夠的信心嗎？

(1) 我經常這樣做。

(2) 不，還是不要了吧。

(3) 我也許會鼓起勇氣。

16. 你能夠用大家都能夠理解的通俗的語言解釋自己的思想嗎？

(1) 是，我想我可以。

(2) 我的思想非常複雜，不是外行人能夠理解的。

（3）我也許能夠理解，但會很難。
17. 你期望100年以後的人們仍然聽到你的名字嗎？
（1）不，我認為不會這樣。
（2）是，他們也許已經聽到了。
（3）是，除非他們生活在修道院。
18. 你的思想會為我們的生活方式帶來變革嗎？
（1）我希望如此。
（2）我不信。
（3）不會才怪。
19. 人們是否因為不能夠理解你的思維程序而嘲笑過你？
（1）是，但誰在乎這些呢？
（2）有時這是一個問題。
（3）不，沒有。
20. 你認為自己有將世界變得更美好的想法嗎？
（1）我希望如此。
（2）我不確定。
（3）我毫不懷疑這一點。
21. 你能夠構想一些變革當今科學、數學或哲學的概念嗎？
（1）當然可以了。
（2）我也許可以吧。
（3）不，我認為不可能。
22. 你是一個藝術家，你的想像力會改變人們看待藝術的方式嗎？
（1）是，那就是我存在的價值。
（2）不，我沒那麼大本事。
（3）我希望有這樣的事發生，但我不確實。
23. 你感覺自己體內有天才的種子嗎？
（1）我對此表示懷疑。
（2）我認為可能有。
（3）有，我每天都這樣跟自己說。
24. 你的思想會在自己的有生之年被人賞識嗎？
（1）可能不會。
（2）可能會。
（3）最好會。
25. 你有被認可的地方嗎？
（1）有一部分。
（2）我希望有。
（3）有，但我將來會有更多。

得分

	1	2	3		1	2	3		1	2	3
1.	c	b	a	10.	a	c	b	19.	c	b	a
2.	a	c	b	11.	c	b	a	20.	b	a	c
3.	a	c	b	12.	a	c	b	21.	a	b	c
4.	a	b	c	13.	a	c	b	22.	b	c	a
5.	a	b	c	14.	b	a	c	23.	a	b	c
6.	b	c	a	15.	b	c	a	24.	a	b	c
7.	b	c	a	16.	a	c	b	25.	a	b	c
8.	a	c	b	17.	a	b	c				
9.	b	c	a	18.	b	a	c				

得分與評析

本測試最高分為 75 分。

◆70～75 分

是的！你的確是一個有遠見的思想家。你完全相信自己的思想，這對於一個天才來說是很重要的。

◆65～74 分

你對自己有遠見的狀況非常確信，但偶爾會有一點自我懷疑。

◆45～64 分

你的遠見夠不上做天才，你有好的主意，但是到最後你明白自己加入不了天才的行列。

◆44 分以下

不要放棄白天的工作。

二、問題解決思維知識點鞏固

(一) 問題解決的思維過程

問題解決是在當時的情境下，經由思考與推理而達到目的的心理歷程。問題解決不僅是重大的決策問題，也包括日常生活中的普遍問題。每個人在日常生活中都會面對大量的常規的或是突發的問題，人們解決問題的過程就是一個不斷思考、不斷創新和不斷實踐的過程。問題解決的思維過程可分為 4 個階段，即發現問題、明確和分析問題、提出假設以及檢驗假設。

1. 提出問題

問題解決中的「問題」不是簡單的一句話可以回答的問題，而是必須經經由思考過程，尋找解決問題的策略，從而達到目的。發現並提出問題是問題解決的前提，能夠推動人們去解決問題。

2. 分析問題

問題情境通常使人產生「現成的條件用不上，需要的條件不充足」的心理困境，

明確和分析問題，就是分析問題的特點和條件，找出主要矛盾，確定問題範圍，明確解決問題的方向。善於解決問題者，就是在當前受條件限制的情形下，能達到問題解決的目的。分析問題的關鍵所在，是明確地抓住問題的核心。把問題根據性質加以歸類也是分析問題的重要環節，將問題歸類，可以使思維活動更具有指向性，從而更有選擇地通過現有的知識、經驗來解決當前的問題。

3. 提出假設

解決問題的關鍵是找出解決問題的方案，即解決問題的原則、途徑和方法。但這些常常不是簡單地能夠立刻找到和確定下來的，而是先以假設的形式產生和出現。假設就是關於引起一定結果的原因和推測。假設越合理，問題解決的過程就越順利。所有問題解決的策略，在性質上只是假設；假設可以不止一個，只要能夠獲得預期的結果，可以有多個假設。

合理的假設的提出依賴一定的條件，首先是依賴已有的知識、經驗，已有的知識、經驗能否在解決當前問題中順利地被運用，與掌握知識的程度有關，也與已有的知識同當前的關係有關。若已有的知識掌握得不夠好，受具體情景所束縛，運用起來具有困難。其次，假設的提出也依靠直觀的感性形象，複雜、困難的問題常常需要借助具體事物、示意圖表、模型等來幫助解決。最後，嘗試性的實際操作在提出假設的過程中也是必要的。此外，整個問題解決的過程都與語言有著非常緊密的聯繫。發現問題、分析問題、提出假設和驗證假設的思維過程，都離不開語言的表述和重述。感性的經驗和實際的動作以及語言的聯繫都對解決問題發揮著重要作用。

4. 檢驗假設

檢驗假設，是解決問題的最後一步，是指通過一定的方法來確定所提出的假設是否符合客觀規律。方法主要有兩種：一是實踐檢驗，即按照假設去具體進行實驗解決問題，再依據實驗結果直接判斷假設的真偽。如果問題得到解決就證明假設是正確的，否則假設無效。這種檢驗最根本，也最可靠。二是智力活動，即在頭腦中，根據公認的科學原理、原則，利用思維進行推理論證，從而在思想上考慮可能發生的變化，在不能立即用實際行動來檢驗假設的情況下，常用這種間接檢驗的方式來證明假設。

(二) 問題解決中的創新思維

創新或創新性活動是提供新的、首創的解決問題的思路或方法的活動。在創新性活動中的思維活動，一方面具有一般的解決問題的特點，另一方面又不同於一般的解決問題的過程。縱觀人類創新活動的歷史，其關鍵在於想像，特別是創新想像的參與。能夠結合以往的經驗，在頭腦中形成新形象，把觀念的東西形象化，是創新性地解決問題的關鍵。

1. 創新性地發現問題

正確地解決問題是建立在發現真問題的基礎上的。著名思想家杜威說：「一個良好的問題界定，已經將問題解決了一半。」打破固有思維、不斷質疑，有助於創新性地發現問題。

19世紀60年代，肖爾斯公司生產的打字機，由於機械在擊打後彈回速度較慢，一

旦打字員打字速度較快，就容易發生絞鍵現象。為了解決這個問題，一位工程師建議——既然我們無法提高字鍵的彈回速度，為什麼不設法降低打字速度呢？

這個辦法得到了大多數人的贊同。但如何降低打字速度呢？公司想了一個辦法，那就是把常用的字母放在最笨拙的手指下，而把不常用的字母放在最靈敏的手指下。於是，我們現在的鍵盤就這樣設計出來了。

2. 創新性地分析問題

在日常生活、學習和工作中，主動地發現或者被動地遇到問題，都是很正常的事情。此時，首先要做的事情就是迅速、準確地對問題做出恰當的判斷。通常情況下，分析問題可以從以下幾個方面進行，即問題的現象是什麼，問題發生的時間、部位和程序，問題發生的原因。以下方法有助於創新性地分析問題。

（1）「Pareto 圖」

「Pareto 圖」來自 Pareto 定律，該定律認為絕大多數的問題或缺陷的起因都相對有限，就是常說的 80/20 定律，即 20%的原因造成 80%的問題。「Pareto 圖」又稱為排列圖，是一種柱狀圖，按事情發生的頻率排序而成，它顯示由於各種原因引起的缺陷數量或者不一致的排列順序，是分析問題影響因素的方法。只有找到真正的問題，才能有的放矢。「Pareto 圖」中根據柱形圖頂端生成的曲線為 Pareto 曲線，說明了問題產生的原因。其中，各影響因素的排列順序用於指導糾正措施，即應該首先解決引起更多缺陷的問題。

影響因素通常分為三類：A 類為累計百分數為 70%～80%的因素，它是主要的影響因素。B 類是除 A 類之外累計百分數為 80%～90%的因素，是次要因素。C 類為除 A、B 兩類之外百分比為 90%～100%的因素。因此「Pareto 圖」又叫 ABC 分析圖法。

（2）MECE 法

MECE（相互獨立、完全窮盡）是麥肯錫思維過程的一條基本原則。「相互獨立」意味著問題的細分是在同一維度上並是明確區分、不可重疊的，「完全窮盡」則意味這全面、周密。該方案重點在於幫助分析人員找到所有影響預期效益或目標的關鍵因素，並找到所有可能的解決辦法，而且它會有助於管理者進行問題或解決方案的排序、分析，並從中找到令人滿意的解決方案。通常的做法分為以下兩種。

一是在確立問題的時候，通過類似的魚刺圖的方法，在確立主要問題的基礎上，逐個往下層層分解，直至所有的疑問都找到，通過問題的層層分解，可以分析出關鍵問題和初步解決問題的思路。

二是結合頭腦風暴法找到主要問題，然後在不考慮現有資源的限制的基礎上，考慮解決問題的所有的可能方法，在這個過程中，要特別注意多種方法的結合有可能是新的解決方法，然後再往下分析每種解決方法所需要的各種資源，並通過分析比較，從上述多種方案中找到目前狀況下最現實、最令人滿意的答案。

三、拓展閱讀啓發——如何實現性能與價格的雙重極致

2016 年 3 月 6 日，混沌研習社與小米科技聯袂巨獻「小米生態鏈的產品極致法則」

專場,小米移動電源負責人張峰分享了他的「產品經」。他講的題目是「性能與價格的雙重極致,要經歷幾道坎」。

張峰說,小米移動電源一開始就是極致性能和極致價格突出的矛盾體,當雷總、劉總找我談做移動電源的時候,實際上提出兩個目標:第一個目標是用一流材料做最高端的99元的移動電源;第二個目標是用國產電芯做相對高端的69元的移動電源。我跟我們的團隊做了很多的研究,發現做99元的移動電源相對來講有機會,但是做69元的移動電源非常困難。

所以我們想先做99元的,去和雷總、劉總說,因為我們要專注,所以只做一款產品,要做到極致,做一款高端的產品。聽起來非常有道理,大家聽了都同意。但是臨走的時候,雷總說99元不是很有競爭力的價格,他認為這一款產品要69元。我們聽到以後,不知道我是怎麼離開小米的。從一開始,小米移動電源就是一個極致性能和極致價格的突出矛盾體,我們擁有99元的性能,最後價格被定為69元。

把一個產品做到極致,不但要解決性能、質量等技術問題,還要解決美觀、工藝和用戶體驗等各方面的問題。我們要在產品極致的前提下做到價格極致,讓價格低到令用戶尖叫,要進一步解決原材料性價比的穩定、與供應商的雙贏、訂單與生產能力的協調等更為複雜的問題。小米移動電源的開發和量產,就是在解決上述問題的過程中,拼命跨過了「夢想、性能、價格、供應鏈、病毒和股東」這6道坎,才完成了顛覆業界的單品「絕殺」。

四、案例啓發

(一) 向和尚推銷梳子

經理派4個行銷員去寺廟裡向和尚推銷梳子。結果第一位行銷員空手而歸,他的理由是寺廟裡的和尚都沒有頭髮,不需要梳子。第二位行銷員賣掉了十多把梳子,他向經理匯報說:我告訴和尚,頭皮要經常梳,不僅止癢,還可以活絡血脈,有益健康。第三位行銷員賣了百把梳子,他解釋道:我到寺廟裡去跟老和尚講,您看這些香客多麼虔誠呀,他們在這裡燒香磕頭,然而每磕幾個頭,頭髮就亂了、香灰也落在了頭上,如果您在每個廟堂裡放幾把梳子,他們磕完頭,上完香可以梳梳頭,這樣一來,香客就能深切感受到寺廟的關心,下次他們也一定還會來。第四個行銷員卻推銷掉了幾千把梳子。他向別人傳授經驗道:我到寺廟裡跟老和尚說,我們中國素來講究禮尚往來,寺廟裡經常受人捐贈,總要給人回報。而梳子就是你們可以送的最便宜的小禮物。另外,您還可以在梳子上寫上寺廟的名字,再寫上「積善梳」幾個字,說可以保佑對方,這樣作為禮品儲備在那裡,誰來了就送,保證寺廟裡香火更旺。第四個推銷員找出問題所在,超越自我,積極、主動地解決問題,因此取得了最大的收益。

(二) 垃圾箱調查助其成功

在一家大型銷售企業,在不同的城市有幾十家連鎖超市,每年銷售額都在十幾億元以上,公司將在某市某小區附近設立新店,於是決定招聘銷售部主任和行銷員。

招聘啟事一公布，立刻被各地求職者圍了個水泄不通。經過幾輪選拔，最後符合要求的求職者有 60 多人，但最終只有 10 人會被錄用，其中成績最佳者將直接被任命為銷售部主任。到了最後一關，公司對招聘人員只出了這樣一道題：在 3 天之內調查清楚小區的購買力情況，時間短、信息準者受聘。

上午 10 點整，所有求職者準時出發。下午 2 點，有一個叫周遜的年輕人第一個交了答卷。第二天下午，陸陸續續有人送交答卷。到了第三天，共收回有效答卷 53 份。有求職者在招聘大會上當場宣讀自己的調查結果，供評委審議。

求職者們的調查方法五花八門，有人採取了抽樣調查法，但是這種方法太辛苦，並且，也有很多被調查者不太情願接受調查。有人採用了電話調查法，這種方法雖然不累，不過電話費也是一筆不小的開支。有人採取了直接詢問法，這種方法得到的數據不太可靠，受訪者都隨意回答，不確定因素太多，另外，花的時間也不少。

最後，最早交卷的周遜被任命為行銷部主任，因為他調查所得的結論與其他人基本一致，但是在所用時間和費用上卻比其他人節省很多。原來，他並沒有接觸小區裡的任何一個人，只是對小區裡所有的垃圾箱進行查看，根據垃圾箱的數量、包裝、品牌，從而得出這個小區總體消費水準的大致數字。

在絕大多數應聘者看來，要想調查清楚小區的購買力情況，就需要採用相應的調查法，不管是抽樣調查法也好，電話調查法也罷，都是應該用到的一種調查手段。而周遜卻跳出了思維定勢，不調查人而去調查小區裡所有的垃圾箱。遇到問題的時候，不急於按照習慣的思維去處理，有利於打破思維之牆，轉換另一種觀念思考問題，往往會取得「事半功倍」的效果。

五、問題解決思維游戲實戰體驗

1. 尋找合適的部分

如圖 7-1 所示，把下邊 12 個部分放置到三角形的格子上，但須滿足下列幾個條件：格子上的每個連接線必須被同樣的連接線覆蓋，連接部分不能旋轉，並且所有的連接線都必須被覆蓋。

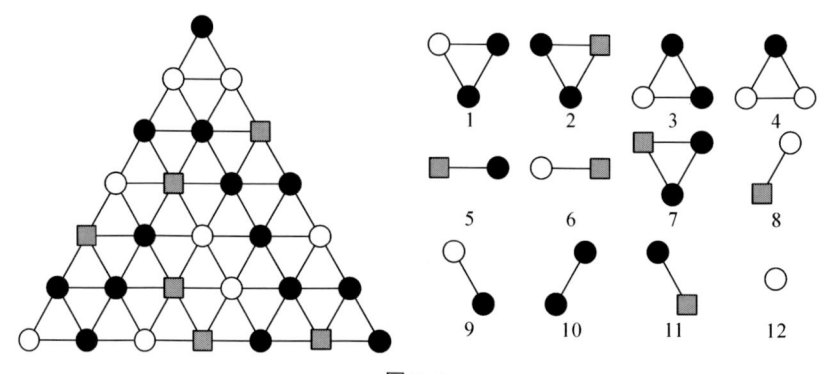

圖 7-1

2. 更多的火柴游戲

（1）如圖 7-2 所示，只移動兩根火柴，你能使正方形的數量增加兩個嗎？

（2）再移動一根火柴棍，你能使正方形的數量再增加兩個嗎？

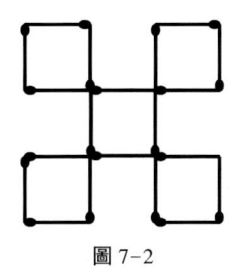

圖 7-2

3. 獨特的鐘表

如圖 7-3 所示，問號應用什麼數字來代替？

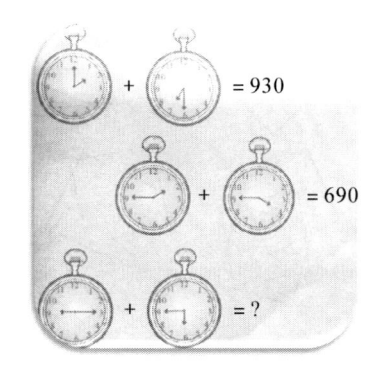

圖 7-3

4. 有趣的木桶

如圖 7-4 所示，一個酒商有 6 桶葡萄酒和啤酒，容量分別為 30 加侖、32 加侖、36 加侖、38 加侖、40 加侖、62 加侖，有 5 個桶裡裝著葡萄酒，1 個桶裡裝著啤酒。第一位顧客買了 2 桶葡萄酒，第二位顧客買的葡萄酒是第一位顧客的兩倍。哪一個桶裡裝的是啤酒？

圖 7-4

5. 三個正方形

如圖 7-5 所示，觀察 3 個正方形，它們有一個特點，下列只有一組圖形具備這一特點。這一特點是什麼？哪一組和它們相配？

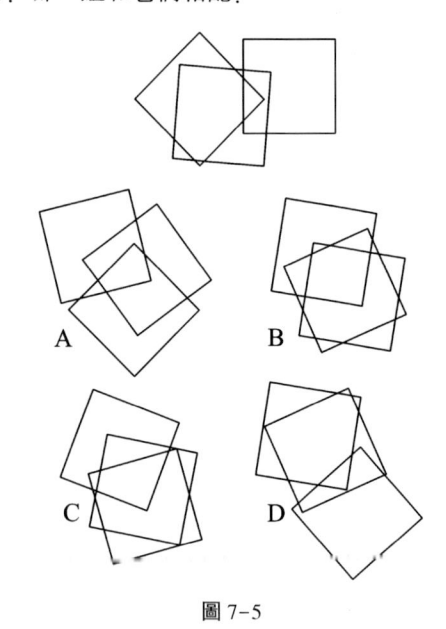

圖 7-5

6. 學習安排

3 位大學生（如圖 7-6 所示），安妮、貝斯、康迪思，每人學習 4 門功課，其中有兩個人學習物理，兩個人學習代數，兩個人學習英語，兩個人學習歷史，兩個人學習法語，兩個人學習日語。

安妮
如果她學習代數，那麼也學習歷史；
如果他學習歷史，那麼也學習英語；
如果她學習英語，那麼也學習日語。
康迪思
如果她學習法語，就不會學習代數；
如果她不學習代數，就學習日語；
如果她學習日語，就不會學習英語。
貝斯
如果她學習英語，也會學習日語；
如果她學習日語，就不會學習代數；
如果他學習代數，就不會學習法語。
你知道這 3 位學生的學習情況嗎？

圖 7-6

7. 變速箱

如圖 7-7 所示，下面的變速箱包括 4 個能互相齒合的齒輪和兩條傳送帶，如果有 48 個齒的大齒輪順時針旋轉 10 圈的話，這一裝置底端輪子上的指針將按什麼方向旋轉？旋轉的次數是多少？

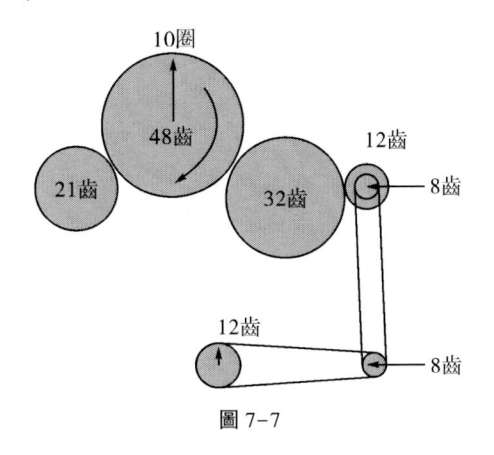

圖 7-7

8. 尋找路線

如圖 7-8 所示，從頂端的數字開始，尋找一條路線達到底端的數字。每次只能在水準線上向下移動一層。

（1）你能找到一條路線，使所經過的數字總和是 216 嗎？
（2）你能找到兩條不同的路線，使所經過的數字總和是 204 嗎？
（3）走哪條路線，可以使所經過的數字總和最大，最大值是多少？
（4）走哪條路線，可以使所經過的數字總和最小，最小值是多少？
（5）如果經過的數字總和是 211，共有多少條路線？具體是哪幾條？

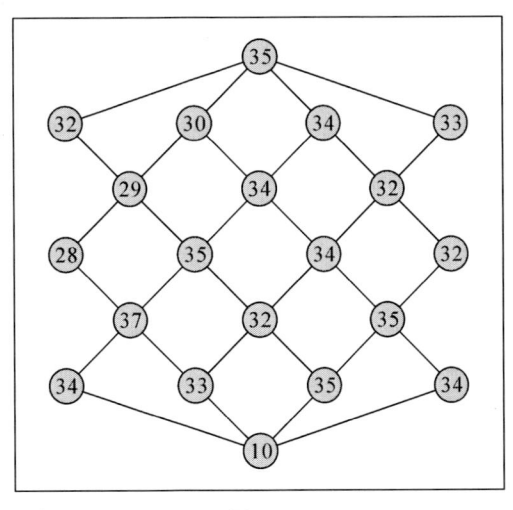

圖 7-8

9. 看演出

4對夫妻去看演出，他們全都坐在一排，但是丈夫和自己的妻子並不緊挨著，而且這一排的兩端分別坐著一位男子和一位夫人。他們的名字分別是安德魯斯、巴克、柯林斯和鄧羅普，如圖7-9所示。請根據下列提示推算出他們的座位安排。

（1）鄧羅普夫人或者是安德魯斯先生坐在最靠邊的位子上。
（2）安德魯斯先生坐在柯林斯夫婦中間。
（3）柯林斯先生坐在鄧羅普夫人旁邊的第二個座位上。
（4）柯林斯夫人坐在巴克夫婦中間。
（5）安德魯斯夫人坐在緊挨著最後的位子上。
（6）鄧羅普先生坐在安德魯斯先生旁邊的第二個座位上。
（7）柯林斯夫人離最右邊的位子要比離最左邊的位置近一些。

圖 7-9

10. 圍著花園轉圈

如圖7-10所示，一位婦人有一個花園，花園裡的路有兩米寬，並且路兩邊還有籬笆。路是螺旋狀的，一直通到花園的中央。一天，這位婦人沿著路走著，最後來到花園的中央。如果忽略籬笆的寬度，假定她是在路中間行走。她一共走了多長距離？

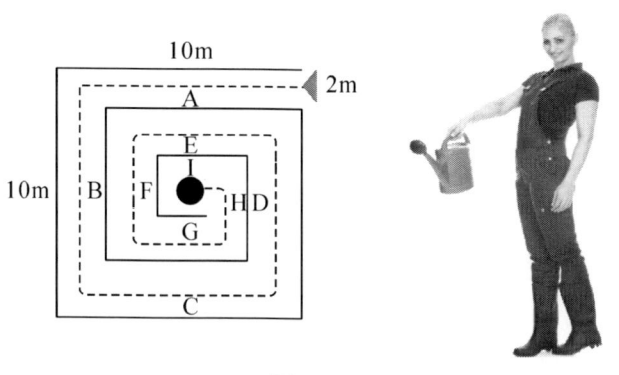

圖 7-10

第八章　創新技法應用

一、個性測試：靈感

　　天才需要靈感。所有靈感都必須有出處。那麼靈感來自哪裡呢？你很容易找到靈感嗎？還是需要提示才能產生一個新的想法？嘗試下邊的測試題，看看你的靈感如何。
　1. 你感覺自己的工作是受到「上天」的啟示嗎？
　（1）是，當然是了。
　（2）不，根本不是。
　（3）也許吧，我沒有太多地考慮這個問題。
　2. 你做夢的時候會獲得好點子嗎？
　（1）從來不會。
　（2）偶爾會。
　（3）非常頻繁。
　3. 你發現有價值的想法會在白天或者夜晚的某個固定的時候闖進你的大腦嗎？
　（1）經常如此。
　（2）有時發生。
　（3）不，沒有發生過這種現象。
　4. 如果你聆聽一首動聽的音樂，它會激發你的靈感嗎？
　（1）不太會。
　（2）會，音樂是靈感的偉大源泉。
　（3）可能會吧。
　5. 你發現其他天才的作品對你有啓發性的影響嗎？
　（1）是，當然了。
　（2）這曾經影響過我。
　（3）不，我發現這對我不管用。
　6. 你必須為有個好想法而努力工作嗎？
　（1）是的，這個是唯一的方法。
　（2）不，好想法會很容易到來。
　（3）有時我很幸運，但是多數情況下需要努力工作。
　7. 你會面對一張白紙（或空白電腦屏幕）發呆幾個小時，而結果什麼想法也沒有嗎？
　（1）不，幸虧我不會。

（2）像許多人一樣，我有時也會思維「卡殼」。
（3）常有的事。

8. 你是否需要經歷某些儀式才能夠使自己進入「思維模式」？
（1）是，這些儀式能夠起到作用。
（2）沒有什麼能夠幫助我，我需要堅持不懈才會有好的主意出現。
（3）我不需要儀式，好的想法會自己到來。

9. 你是否必須有合適的心情才能夠獲得新的想法。
（1）不，我不需要任何特別的心情。
（2）是，適合的心情能夠起到一定作用。
（3）對於我來說，沒有什麼「合適」的心情。新的想法對於我來說簡直就是長途跋涉。

10. 當你根本沒有任何想法的時候，你是否有類似於「思維阻塞」的情況出現？
（1）經常。
（2）有時。
（3）從來沒有。

11. 你是否有過這樣的時期：主意來得非常快，以至於你不得不通宵達旦地工作才能夠趕上創造性的思緒。
（1）很不幸，我沒有。
（2）只是非常偶然的情況下才有。
（3）是，經常發生。

12. 你需要使用什麼技巧（例如冥想或者瑜伽）來保持你的創造性思維流暢嗎？
（1）它不流暢，而是滲出。非常緩慢，技巧是不管用的。
（2）我的思緒非常流暢，不需要額外的幫助。
（3）是，我發現有些技巧確實管用。

13. 你害怕自己的創造性思維哪一天將會完全枯竭嗎？
（1）是，會害怕。
（2）我不能夠想像這樣的事情。
（3）我的創造性思維也許已經枯竭了。

14. 你發現有時必須尋求他人為你提供的靈感嗎？
（1）有時他們能夠幫忙。
（2）我從來不需要任何人的幫助
（3）老實說，能夠幫忙的人不多。

15. 有沒有人能夠激發你的靈感？
（1）有。
（2）我不是告訴過你嗎？我不需要幫助。
（3）仍然很艱難。

16. 如果你被單獨監禁，你的靈感會消失嗎？
（1）沒有什麼能夠阻礙我產生靈感。

（2）是，當然會停止了。
（3）誰想單獨監禁？我的靈感會自然停止。

17. 你的健康狀況與你的靈感多少成正比嗎？
（1）是的，雖然我缺乏靈感。
（2）是的，我感覺靈感在驅使著我前進。
（3）我總是很有靈感，感覺很虛幻。

18. 一個偉大的雕塑家說，「你的雕像已經存在了，他要做的就是把多餘的石頭切割下來」。你對自己的作品有同樣的感覺嗎？
（1）始終有。
（2）我不斷切割，但什麼也沒有切下來。
（3）我明白他的意思，但對於我來說不會來得那麼容易。

19. 如果你的靈感枯竭，你能夠繼續活下去嗎？
（1）不，那將是我的始終。
（2）我會竭力活下去。
（3）你說的「如果」是什麼意思。

20. 目前，你的生命中有這樣的一刻嗎？即你感到自己有一個智力突破點。
（1）有。
（2）肯定沒有。
（3）曾經有無數次小小的成功。

21. 他人有向你尋求靈感嗎？
（1）從來沒有。
（2）是，有時候。
（3）當然了，一直都有人這麼說。

22. 愛迪生說過：「天才是1%的靈感加上99%的汗水。」你怎麼看？
（1）對，我就是這樣的一個人。
（2）不對，靠努力無法成為天才。
（3）我想其中有一定的道理。

23. 靈感是你生活的中心嗎？
（1）不是。
（2）我希望是。
（3）絕對是。

24. 你感覺偉大的藝術或自然科學能夠給人以鼓勵嗎？
（1）是，雖然我不要外界的幫助。
（2）是，肯定會。
（3）不，我感覺他們很有趣，但是我仍然需要努力工作才能擁有自己的想法。

25. 你會不斷追求一個真正巨大的創意嗎？
（1）是，但不會成功。
（2）是，我希望找到。

(3) 不，我已經有了。

得分

	1	2	3		1	2	3		1	2	3
1.	b	c	a	10.	a	b	c	19.	c	b	a
2.	a	b	c	11.	a	b	c	20.	b	c	a
3.	c	b	a	12.	a	c	b	21.	a	b	c
4.	a	c	b	13.	c	a	b	22.	a	c	b
5.	c	b	a	14.	c	a	b	23.	a	b	c
6.	a	c	b	15.	c	a	b	24.	a	b	c
7.	c	b	a	16.	c	b	a	25.	a	b	c
8.	b	a	c	17.	a	b	c				
9.	c	b	a	18.	b	c	a				

得分與評析

本測試最高分為 75 分。

◆70～75 分

你的靈感非常強烈。你從來不缺乏主意，缺乏的只是抓住這些靈感所需要的時間。

◆65～74 分

你的靈感很流暢，你意識到你的靈感並不是無限的，但是最後你總會沒事的。

◆45～64 分

你必須要為獲得靈感而努力工作，什麼來的都不容易，你經常害怕自己的靈感會完全枯竭。

◆44 分以下

創意對你來說來得一點也不容易。

二、創新技法內涵與基本原則

(一) 創新技法的內涵

所謂創新技法就是指人們收集大量成功創新的實例後，研究其獲得成功的思路和過程，經過歸納、分析、總結，找出的規律和方法。簡而言之，創新技法就是人們根據創新思維的發展規律總結出來的一些原理、技巧和方法。

創新技法作為一種指導人們進行創新的方法，既不是某些天才憑空想出來的，也不是創造學家有意杜撰出來的。創新技法的產生，既有社會的歷史原因，也是科學發展的必然，是隨著社會的發展、人類的進步而產生的。

(二) 創新技法的基本原則

目前，世界上的創新技法有 300 多種，主要是一些非程式化的方法。但從整體上看，每種創新技法都離不開這些基本原則。

1. 自由暢想原則

創新技法沒有邊界，沒有禁區，沒有權威，沒有止境，創新沒有任何條條框框。想像力是創造性思維能力的核心，想像也是沒有任何規則的。因而，使用創新技法也必須破除一切規則，鼓勵自由暢想，讓思維自由馳騁。

2. 信息刺激原則

創新不能脫離社會實踐，閉門造車。脫離社會實踐既不能發現問題，也難以解決問題，不利於創造。信息是打開新思路的鑰匙，信息越多，則越有利於想像和聯想。許多不同領域的信息，可以啓發我們破除習慣性思維而開拓新思路，潛意識也能在信息的刺激下湧現。因而，創新技法必須為充分調動各種信息而創造條件。

3. 集思廣益原則

「三個臭皮匠，抵個諸葛亮」，集體智慧是創造力的源泉，大力開展集體創造，是創新技法的重要原則。

4. 集中求質原則

習慣性思維思路很狹窄，要搞創新必須拓寬思路。各種創新技法都應利用發散思維和聚合思維的形式，先求數量，然後從數量中尋找最佳思路。

5. 同中求異和異中求同相結合的原則

世界上的事物千差萬別，隔行如隔山，但都殊途同歸，隔行不隔理，對於其中既有聯繫，又有區別的情況，從事創造時必須善於從相同中找差異，從不同中找規律，則可發現處處都是創造的天地。

6. 需要導向原則

環境雖然是外因，但良好的環境對創新有很大的促進作用，良好的思維環境可以促進創新活動的系統工程取得成功。

7. 尊重科學原則

任何創新都不能違背科學，否則將一事無成。故敢於創新絕不是亂造，尊重科學規律才能取得豐碩成果。

8. 綜合創新原則

不同而相關聯的事物或現象綜合起來，可以組成無窮的創新演變，綜合是創新的重要渠道。

三、創新技法的種類

國內外創新學家通過對大量成功創造創新案例的深入分析、歸納，總結出具有規律性的方法和程序。日本出版的《創新技法大全》總結了 300 多種創新技法。各種方法都有各自的特點、局限性和適應範圍。

（一）三分法

日本創新學會會長高橋誠先生把創新技法分成擴散發現技法、綜合集中技法和創新意識培養技法。

1. 擴散發現技法

該方法主要尋求問題所在，再提出設想。具體表現為：①自由聯想技法，通過類比、相似和相反這三種聯想方法來提出設想；②強制聯想技法，把課題和提示強制性地聯繫起來思索設想；③類比發現技法，把本質上相似的因素做提示來考慮設想；④特殊發現技法，通過催眠或睡眠，用印象暗示進行設想；⑤問題發現技法，分析問題並尋求解決問題的關鍵；⑥面洽技法，通過面洽發現問題並尋求設想；⑦收集情報工具技法，即收集數據並加以整理的工具和系統。

2. 綜合集中技法

該方法主要是收集情報，或者用於按照順序來解決問題。具體表現為：①一般綜合技法，即收集情報的技法，可用於各領域；②卡片式綜合技法，在一般綜合技法中利用卡片收集情報；③技術開發技法，主要用於產品開發和設計；④銷售技法，主要用於銷售及廣告等領域；⑤預測技法，主要用於未來預測及技術預測等方面；⑥計劃技法，考慮有效地執行解決問題的策略和程序。

3. 創新意識培養技法

該方法為解決各種問題而培養創新意識的方法。具體表現為：①集中精神技法，為提出設想而控制大腦集中思考的方法；②協商技法，為解決人際關係的問題和煩惱以維持情緒的穩定狀態；③心理劇技法，通過喜劇表演產生心理上的自由感以及創新性行為；④思維變革技法，訓練思維活動和思維靈活變化的技法。

(二) 基於人數的創新技法分類

1. 個人創新技法

該方法顧名思義是指單獨的創新者即可實施的創新技法。如缺點列舉法、自由聯想法、卡片法等。

2. 集體創新技法

與個人創新方法相對應，是由若干創新者共同實施的創新技法。如頭腦風暴法、綜攝法等。

應該說明的是個人創新技法和集體創新技法之間並無絕對界限。許多個人創新技法也可採用集體形式（如小組）來開展創新，而在實施集體創新技法的過程中，每個參與的個體又可運用個人創新技法以充分發揮自身的作用。

3. 基於創新發明過程分類

創新發明一般包括三個階段：選題、尋找解決方法、完成三個階段。不同階段有不同的創新技法。

第一階段：選擇發明課題。主要解決問題：如何產生盡可能多樣的課題；如何從眾多的課題中選定有價值的和較易解決的課題。例如：塑料袋新用途的發明；交流電的發明。主要創新技法有：缺點發現法、程序設問法、希望點列舉法、組合法、信息交融法等，如穿繩器的發明、防觸電插座的發明。

第二階段：尋找解決課題的設想。這一階段是發明過程的核心，是富有創新性的階段。這一階段的實質是提出解決課題的原理、方法和設想。這一階段的進行，主要

靠發明者的信息佔有量、創造性思維方法和個性品質。現有大量的創新技法主要集中應用在這個階段。

第三階段：完成發明的設想。經過利用專業知識精心設計、修正完善方案、物化為產品（需要懂得生產方面的知識、如設備、材料、生產工藝流程等）這些環節。應用於這一階段的技法主要有：計劃評審法，關聯樹法等。對創新發明者個人來說，不一定要完全走完這三個階段，而主要的是完成第二個階段，至於第一個階段和第三個階段可以通過與別人合作來完成。

四、創新技法綜合應用

(一) 頭腦風暴法應用

1. 頭腦風暴法的內涵

頭腦風暴法是典型的集體創新技法。當一個人冥思苦想不得其解的時候，大家擠在一起相互討論、相互激勵、相互補充，會引發思維的「共振」，更容易打破思維定勢，激盪出不同凡響的創意。

頭腦風暴法又稱智力激勵法。頭腦風暴法就是為了產生更多較好的新設想、新方案，通過一定的互動形式，創設能夠相互啟發、引起聯想、發生「共振」的條件和機會，以激勵人們智力的一種方法。

2. 案例啟發——直升機扇雪

有一年，美國北方格外嚴寒，大雪紛飛，電線上積滿冰雪，大跨度的電線常被積雪壓斷，嚴重影響通信。過去，許多人試圖解決這一問題，但都未能如願以償。後來，電信公司經理應用奧斯本發明的頭腦風暴法，嘗試解決這一難題。他召開了一種能夠讓頭腦卷起風暴的座談會，參加會議的是不同專業的技術人員，要求他們必須遵守這些原則，即自由思考、延遲評判、以量求質、結合改善。

按照這種會議規則，大家七嘴八舌地議論開來。有人提出設計一種專用的電線清雪機；有人想到用電熱來化解冰雪；也有人建議用震盪技術來清除積雪，還有人提出能否帶上幾把大掃帚，乘坐直升機去掃電線上的積雪，對於這種「坐飛機掃雪」的設想，大家心裡儘管覺得滑稽可笑，但在會上也無人提出批評。相反，有一工程師在百思不得其解時，聽到積雪飛機掃雪的想法後，大腦突然受到衝擊，一種簡單可行且高效率的清雪想法產生了。他想，每當大雪過後，出動直升機沿積雪嚴重的電線飛行，依靠高速旋轉的螺旋槳即可將電線上的積雪迅速扇落。他馬上提出「用直升機扇雪」的新設想，頓時又引起其他與會者的聯想，有關用飛機除雪的主意一下子又多了七八條。不到 1 小時，與會的 10 名技術人員共提出 90 多條新設想。

(二) 組合創新技法應用

1. 組合創新的內涵

20 世紀 50 年代後，創新開始由單項突破走向多項組合，獨立的創新逐漸讓位於「組合型」創新。由組合求發展，由綜合而創新，已成為當代技術發展的一種基本方

法。索尼半導體的研製者菊池誠博士曾指出：「我認為搞發明有兩條路：第一條是全新的發現，第二條是把已知其原理的事實進行組合。」

組合創新技法是指兩種或兩種以上的學說、技術或產品的一部分進行適當的疊加和組合，以形成新學說、新技術或新產品的創新方法。組合創新就是運用創新思維把已知的若干事物組合成一種新事物的過程，最基本的思維基礎是聯想思維。

組合創新中的含意並不是一種簡單的相加，而是依據事物之間所固有的內在聯繫進行的有目的的綜合。組合創新需要滿足兩個條件。一是由不同的因素構成的具有統一結構與功能的整體；二是組合物應具有新穎性、獨特性和價值性。所以這裡的組合併不是一般意義上的疊加、排列、堆積，而是包含有聯繫和銜接及其他整體因素的有目的的綜合。

組合創新的方法很多，這裡主要介紹：主體附加法、異類組合法、同類組合法、分解組合法。

2. 案例啓發——車載收音機

以通信業務著稱的摩托羅拉，最初是靠經營汽車收音機業務起家的。20世紀20年代，汽車風靡之際，收音機開始大行其道，這兩種新型產品的結合，成了不可避免的趨勢。由於安裝過程複雜、音質不良且價格不菲，最要命的是如果要收聽廣播，司機必須把引擎停下來，很多人為此拒絕在汽車上安裝收音機。

摩托羅拉的前身高爾文公司敏銳地捕捉到了背後的商機。經過不斷研發，1930年6月，高爾文製造公司生產出一臺樣機。在收音機製造商協會組織的產品展示上，高爾文公司雖然沒錢在會場租一個展位，但它將汽車停在會場外，然後把樣機安裝在車內，以便參觀者入場前就能看到他們的收音機。

高爾文公司還編製了《汽車收音機安裝服務指南》小冊子，對收音機安裝方法和步驟做了詳細說明，同時宣稱「高爾文汽車收音機的購買者，無疑是最貴的」，以喚起用戶的成就感。為滿足大眾需求，高爾文汽車收音機的定價僅為50美元，約為普通工人一週的薪酬。隨著安裝問題的逐步解決，公司業績很快提升。1930年年底，公司銷售額近30萬美元。

為了強調行進中的收音廣播，高爾文公司將已頗有名氣的收音機取名為「摩托羅拉」。「摩托」是汽車的引擎，「羅拉」形容汽車收音機裡傳送出的歡快悅耳的聲音。這個名字朗朗上口且有趣，就像「可口可樂」一樣，很快便傳開了。

(三) 列舉創新技法應用

列舉創新技法就是將某一事物、某一特定對象，如問題、特點、優點或缺點等，全面列舉出來，再針對列出的這些項目提出改進意見。

1. 列舉創新技法的內涵

20世紀50年代，美國布拉斯加大學新聞學的克勞福德教授提出了屬性列舉法。克勞福德教授認為：創造並不單憑靈感，很大程度上依靠改造和實驗，這種改造並不是指機械地將不同的產品結合起來，而是應對它有用的特點進行改造，並盡量地吸收其他物體的特點，盡量地列舉研究對象的特徵，這種改造是十分有益的。

概括地說，屬性列舉法是一種通過列舉，分析特徵，應用類比、移植、替代、抽象的方法變換特徵獲得發明目標的方法。屬性列舉法的基本步驟如圖 8-1 所示：首先要將研究對象的屬性列出，如該事物的名詞屬性特徵、動詞屬性特徵、形容詞屬性特徵等，對所列這些屬性逐一進行分析，在分析的基礎上提出變換改進等，並論證這種變化的結果，最後得到新的創意與新的構想。

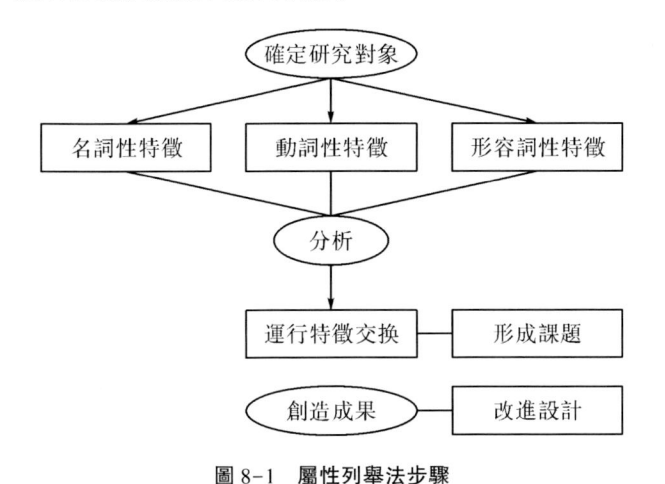

```
        確定研究對象
       ／    ↓    ＼
  名詞性特徵  動詞性特徵  形容詞性特徵
            ↓
           分析
            ↓
      運行特徵交換 ── 形成課題
            ↓           ↓
        創造成果       改進設計
```

圖 8-1　屬性列舉法步驟

2. 案例啟發——獅王牙刷的改造

日本獅王牙刷公司有一名職員叫加藤信三。他每次刷牙時，牙齦都會出血，由此，他想改造一下牙刷。他對公司現有的牙刷進行了研究，通過仔細分析現有的牙刷存在哪些缺點。經過研究，他列出了牙刷的幾個缺點：牙刷毛頂端呈銳利的直角，質地太硬，刷毛排列不科學，造型不美觀。他據此進一步確定改進目標：把牙刷毛頂端改成圓角，尋找刷毛替代材料，要刷得乾淨、舒服、方便，同時，還使牙刷的外形更合理、美觀。在此基礎上，加藤信三對牙刷進行了全面的改造。改造後的牙刷受到顧客歡迎。加藤信三也因此成為公司的董事長。

(四) 類比創新技法應用

1. 類比創新技法的內涵

事物間的聯繫是普遍存在的。基於這種聯繫，我們的思維得以從已知變為未知，從陌生變為熟悉。這期間，我們腦內產生的聯想和類比過程可以被看作是事物普遍聯繫在思維中的一種體現。創新所追求的是新穎、未知的事物。為此，需要借助於現有的知識與經驗或其他已知的、熟悉的事物作橋樑，獲得借鑒、啟迪。這就是聯想類比在創新中的非凡作用。廣泛的興趣、寬厚的知識、靈活的思維是有效運用類比技法進行創新的必要條件。美國創造學家戈登對創新過程中常用的類比方法進行了分析研究，總結了最基本的 4 種類比方式，對創新的發展產生了很大的影響。類比創新技法的基本原理是移植原理。

擬人類比是指把自己設想為創造對象的某個因素，並由此出發，設身處地地進行

想像。例如，當我是這個因素時，在所要求的條件下會有什麼感覺，或採取什麼行動。比如挖土機、榨汁機的發明。挖土機可以用模擬人體手臂的動作來進行設計，它的主臂如同人的上下臂，可以左右上下彎曲，挖門似人的手掌，可以插入土中，將土抓起。很多機器人的設計也主要是從模擬人體動作入手的。

　　直接類比是指從自然界或已有的成果中尋找與創造對象相類似的東西作為比較。如古代巧匠魯班發明了鋸子就是從草割破手指而得到的啓發。汽車上的車燈、喇叭、制動器等控制方式皆可適當改變後用於汽艇；武器設計師通過分析魚鰓啓閉的動作，設計成槍的自動機構；而農機師看了機槍連射發明了機槍式播種機；美國飛機發明家萊特兄弟以他的「誰要飛行，誰九仿鳥」作為名言。

　　直接類比的創新技法分為兩個階段：第一個階段是對兩個事物進行比較；第二階段是在比較的基礎上進行推理，即把其中與某個對象有關的知識或結論推移至另一個對象中。科學史上，有不少科學家應用類比創新法提出重要的假說，有力地促進了科學的發展，也有的科學家應用類比方法獲得了科學發現和技術發明。運用直接類比法，主要通過描述與創造發明對象相類似的事物和現象去形成富有啓發的創造性設想。直接類比是事物之間的類比，在技術發明中經常採用的思路就是將需要創造的對象與其他事物進行類比。人類從動植物中獲得靈感的類比又叫仿生法。雷達、飛機、電子警犬、潛水艇等科技產品都是模仿生物發明的。

　　象徵類比這是一種借助事物形象或象徵符合，表示某種抽象概念或情感的類比。有時也稱符號類比。這種類比，可使抽象問題形象化、立體化，為創意問題的解決開闢途徑。戈登說過：「在象徵類比中利用客體和非人格化的形象來描述問題。根據富有想像的問題來有效地利用這種類比。這種想像雖然在技術上不精確，但在美學上卻是令人滿意的。象徵類比是直覺感知的，在無意中的聯想一旦作出這種類比，它就是一個完整的形象。」

　　針對待解決的問題，用具體形象的東西作類比描述，使問題形象化、立體化，為創新開拓思路。經過千百年的發展，許多特有的符號形式約定俗成，將抽象的概念視覺化、直觀化。例如鴿子象徵和平、鉛筆象徵設計、圓形象徵圓滿等，可以說這些符號是獨立於文字語言以外的人們共同認可、帶有一定通用性的視覺語言。他們不僅在發明創造的領域上，更在繪畫、雕塑、電影、建築等領域的創新上起到至關重要的作用。

　　幻想類比也稱空想類比或者狂想類比，它是變已知為未知的主要機制，但無明確定義。戈頓認為，為了擺脫自我和超越自我的束縛，發掘潛意識的「本我」優勢，最好的辦法是「有意識的自我欺騙」，而幻想類比就能發揮「有意識的自我欺騙」的作用，簡而言之，就是利用幻想來啓迪思路，古代神話、童話、故事中的許多幻想，在技術逐步發展之後很多已變為現實。

　　在上述四種類比中，直接類比是基礎，其他三種類比是由此發展而成的。這四種類比各有特點與側重，他們在創造創新活動中相互補充、滲透、轉化，都有著不可或缺的作用。

2. 案例啟發——微信紅包來了

2014年，馬年春節最快樂的事之一莫過於「搶」微信紅包，少則幾分錢，多也不過幾十元，微信搭建的搶紅包平臺，不費一槍一彈，卻讓全國微信用戶為之瘋狂，實在有些始料不及。微信紅包的創意來源於傳統紅包，微信紅包作為一種新興的產物，具有互動性、游戲性、趣味性、隨機性等特點，符合當前潮流大勢。騰訊數據顯示，從除夕開始，至大年初一16時，參與搶微信紅包的用戶超過500萬，總計搶紅包7,500萬次以上。領取到的紅包總計超過2,000萬個，平均每分鐘領取的紅包達到9,412個。

騰訊借助微信紅包，在騰訊進入移動支付領域以來打了最漂亮的一仗，騰訊用近乎於0的推廣成本，迅速搶到了個人移動支付市場的制高點，給了支付寶狠狠一擊。被馬雲稱為宛如「珍珠港偷襲」。

五、創新技法應用游戲實戰體驗

1. 具有邏輯創新的鐘表

如圖8-2所示，這些鐘表都具有一種神祕的創新邏輯性，第四個鐘表應該顯示什麼時間？請在所提供的選項（如圖8-3所示）中進行選擇。

圖 8-2

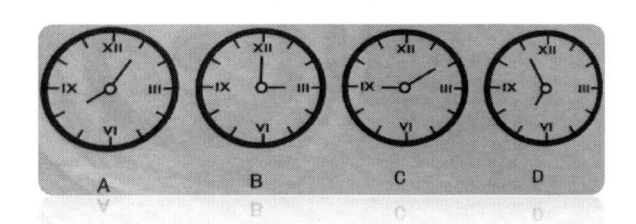

圖 8-3

2. 城市網絡

如圖8-4所示，城市的樓群建築在兩條主要馬路A和B之間，如同紐約的曼哈頓一樣。從A通向B，共有多少條不同的路？

圖 8-4

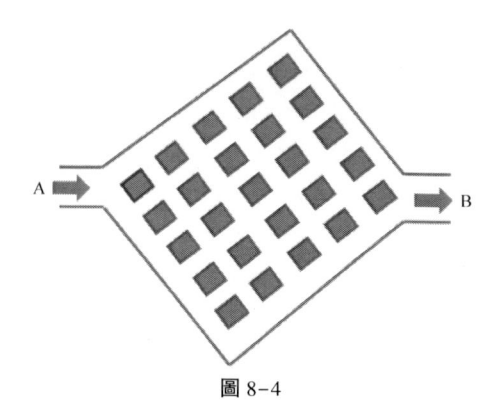

3. 圖形變動

觀察圖形序列（如圖 8-5 所示），1 至 6 選項（如圖 8-6 所示）中哪一項屬於 J？哪一項屬於 N？

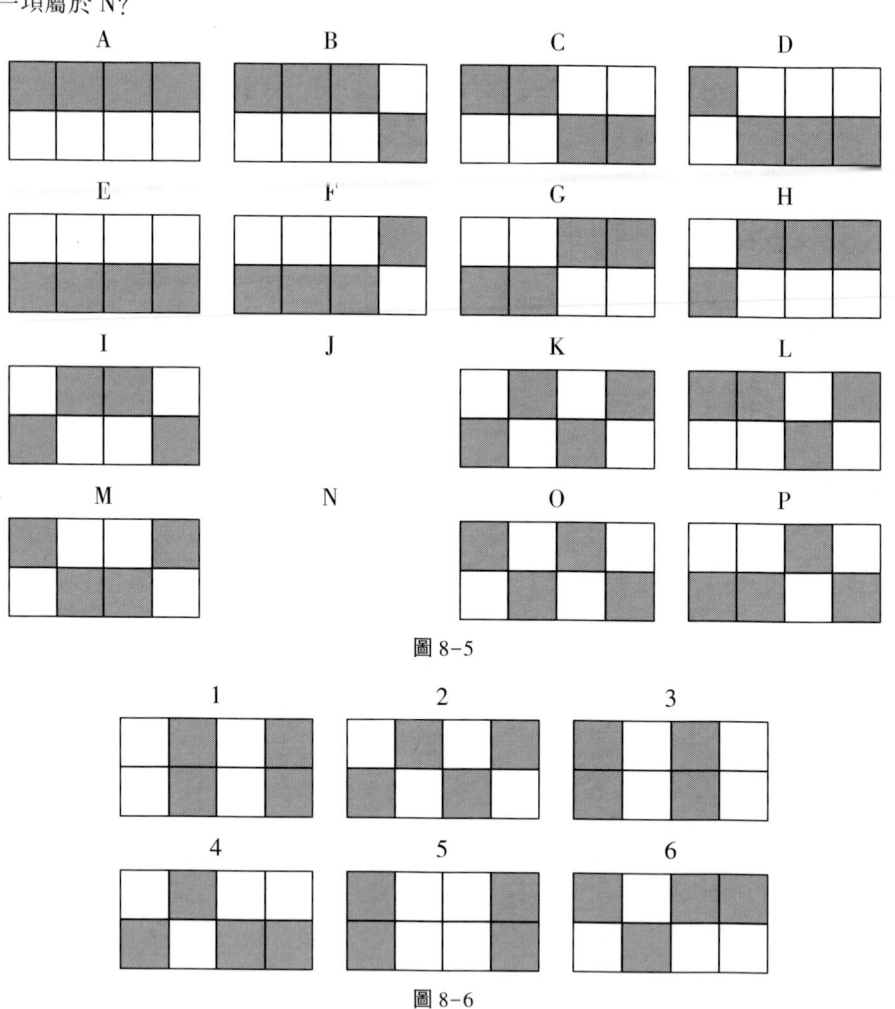

圖 8-5

圖 8-6

4. 迷宮的奧秘

如圖 8-7 所示，請你找出合適的路線。

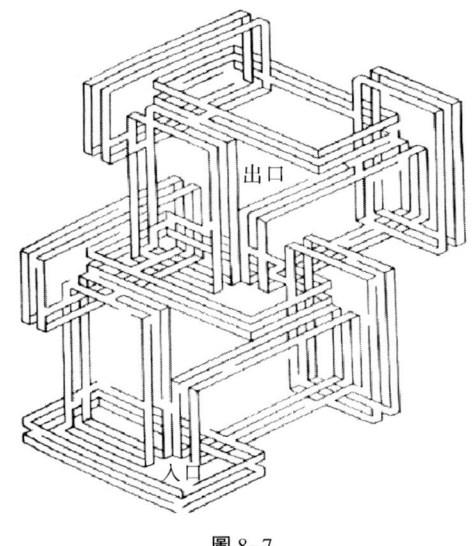

圖 8-7

5. 序列的解決方案

如圖 8-8 所示，A、B、C 和 D 哪一個選項可以連接這個序列？

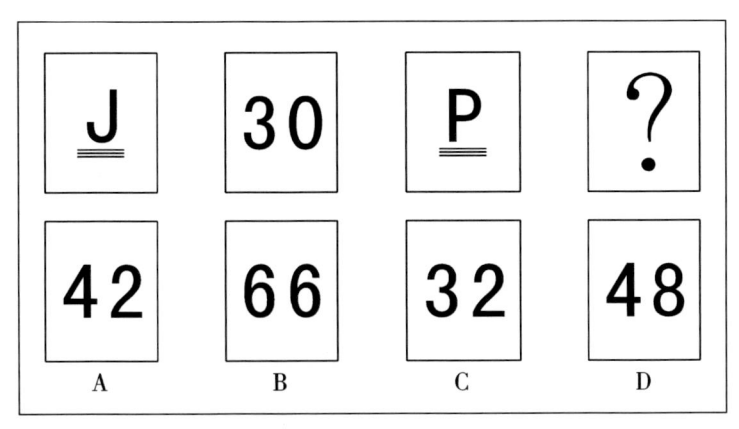

圖 8-8

6. 密西西比賭徒

經驗豐富的賭徒只玩投骰子，但他要用自己的骰子。他有 3 個不同顏色的骰子，每個顏色的骰子上有 3 個不同的數字，每個數字各出現兩次。

紅色骰子 2-4-9-2-4-9（總數 30）

藍色骰子 3-5-7-3-5-7（總數 30）

黃色骰子 1-6-8-1-6-8（總數 30）

賭徒不是利用自己的優勢使對手處於不利地位，而是讓對手先挑選骰子，然後自己再選。

賭徒是怎樣使自己處於有利地位的？他似乎總是略勝對手一籌，根據平均率，他獲勝的概率總是超過 50：50，你能計算得出來嗎？並且能說出他獲勝的實際概率是多少嗎？

7. 方格游戲

如圖 8-10 所示，在下邊的方格中，交叉點的數字等於與其相鄰的 4 個數字之和。你能回答下邊的問題嗎？

（1）方格中有哪 3 個交叉點的值為 100？

（2）哪個（或哪些）交叉點的值為 92？

（3）有多少交叉點的值小於 100？

（4）哪一個交叉點的值最大？

（5）哪一個交叉點的值最小？

（6）哪一個（或哪些）交叉點的值為 115？

（7）有多少個交叉點的值為 105？它們是哪一些？

（8）有多少交叉點的值為 111？它們是哪一些？

圖 8-9

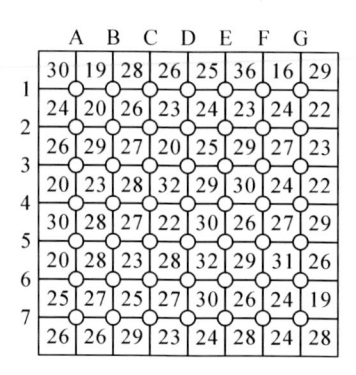

圖 8-10

8. 雜亂的數字

如圖 8-11 所示，你能確定問號應由哪些數字來代替嗎？

2	6	7	9	1
8	0	2	7	6
5	3	0	2	4

D F A

6	1	4	3	8
9	4	4	2	3
3	2	6	8	7

B I H

4	0	3	3	5
?	?	?	?	?
1	9	7	8	1

G C E

圖 8-11

9. 數字之謎

如圖 8-12 所示，從左上方的圓開始，按順時針方向計算，求出問號代表的數字。

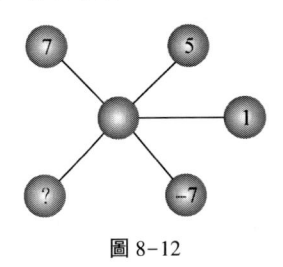

圖 8-12

10. 方格的類型

如圖 8-13 所示，下邊格子中，有 3 個方格分別標著 A、B、C，有 3 個方格分別標著 1、2、3。裡邊的 9 個方格分別包含上述方格中的線條和符合，其中有一個方格是不正確的，是哪一個？

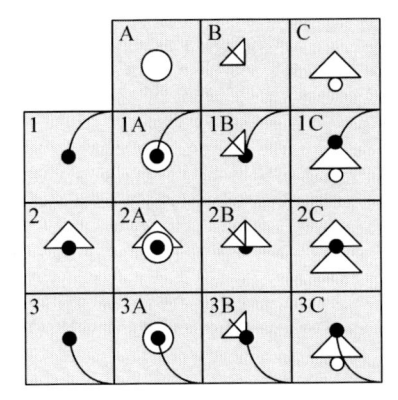

圖 8-13

第九章 綜合思維訓練實戰檢測

第一套 綜合思維訓練檢測

1. 帶陰影的方格

如圖 9-1 所示,觀察這些圖形,A、B、C、D 中哪一項是這一序列中的下一個圖形?

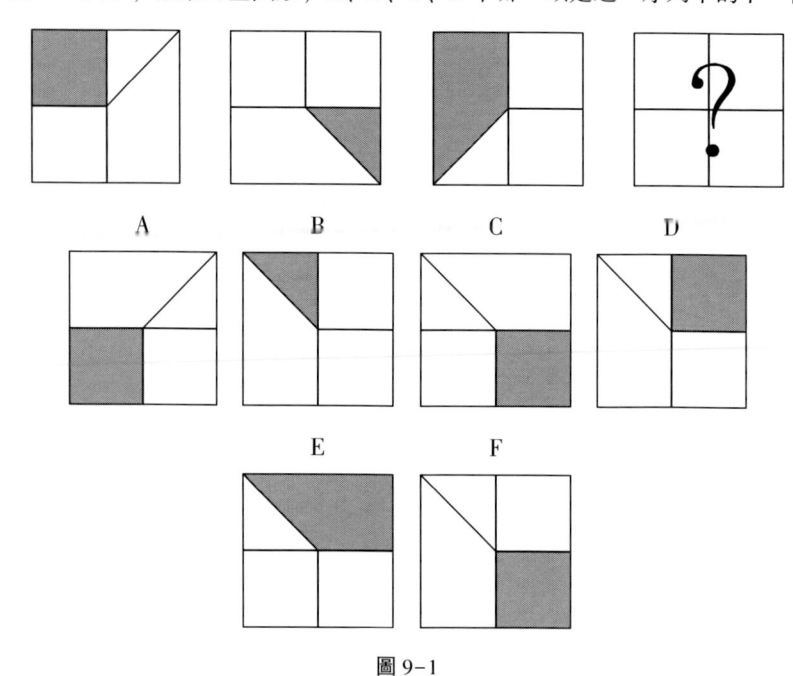

圖 9-1

2. 槍支的價錢

比爾和喬丹是養牛的農場主。一天,他們決定賣掉他們的小公牛去養綿羊。他們把牛帶到市場上,每頭小公牛賣的價錢正好是他們要賣的小公牛的總數。他們用賣牛的錢以每只 10 美元的價格買了一批綿羊。剩下的錢買了一只山羊。

回家的路上,他們爭吵起來,於是決定將牲畜平分了。但他們發現結果會剩下 1 只綿羊。比爾將這只綿羊留給自己,給了喬丹那只山羊。

「但是我比你少。」喬丹說,「因為山羊的價格比綿羊的少。」

「好吧。」比爾說,「我把我的柯爾特 45 型手槍給你,來補償你的這個差額。」

柯爾特 45 型手槍的價格是多少?

3. 竊聽器

如圖 9-2 所示，你準備在嫌疑犯的電話上安裝一個竊聽器，請找出連接電話交換機和嫌疑犯電話的電線是哪一根。

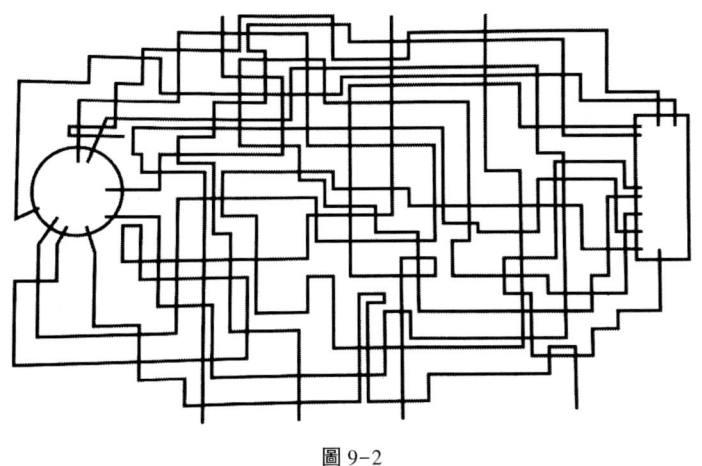

圖 9-2

4. 球袋

這個有關可能性的問題可以通過邏輯思考來解決。

如圖 9-3 所示，你有兩個袋子，每個袋子裡有 8 個球：4 個白球和 4 個黑球。請問從兩個袋子裡各拿出 1 個球，至少有 1 個黑球的概率是多少？

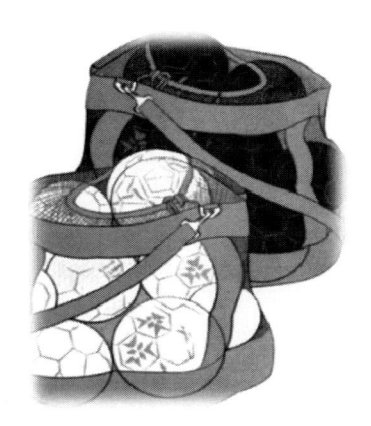

圖 9-3

5. 形狀變換

如圖 9-4 所示，把下邊的格子分成形狀相同的 4 部分，每一部分所包含的數字總和必須是 134。

5	7	8	15	4	7	5	6
11	6	9	8	16	12	10	10
7	12	10	12	3	11	6	8
6	7	2	5	7	7	15	10
12	15	10	8	5	12	8	7
6	7	11	13	9	6	9	6
9	8	10	6	8	8	1	2
3	6	4	10	10	10	15	15

圖 9-4

6. 圖形變換

如圖 9-5 所示，哪一個選項是這一序列中的下一個圖形？

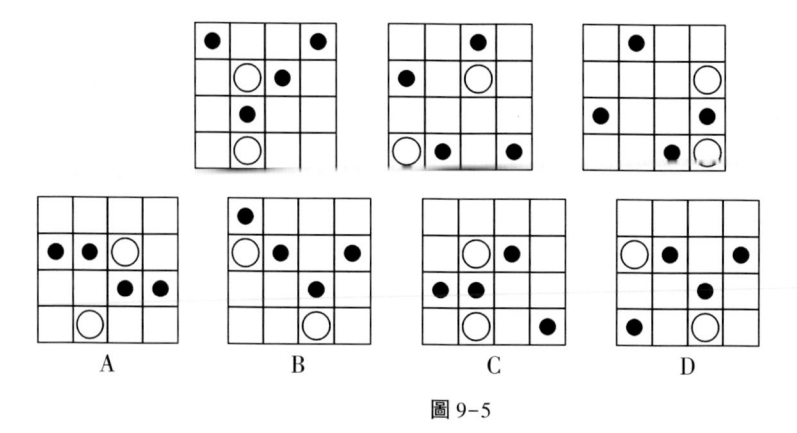

A　　　　B　　　　C　　　　D

圖 9-5

7. 複雜的格子

如圖 9-6 所示，請按照第一個格子的邏輯規律，把第二個格子填充完整。

	A	B	C	D	E	F
a	7	9	6	5	3	3
b	4	6	3	7	0	3
c	9	2	4	1	1	4
d	5	8	2	7	2	6

7	7	5	6	1	9
4	9	6	6	0	0
3	5	1	9	0	6
8	9	4	6	?	?

圖 9-6

8. 六邊形金字塔

觀察金字塔（如圖 9-7 所示），從下邊的選項中選擇一個放置在頂端的六邊形上。

98

圖 9-7

A　　B　　C　　D　　E

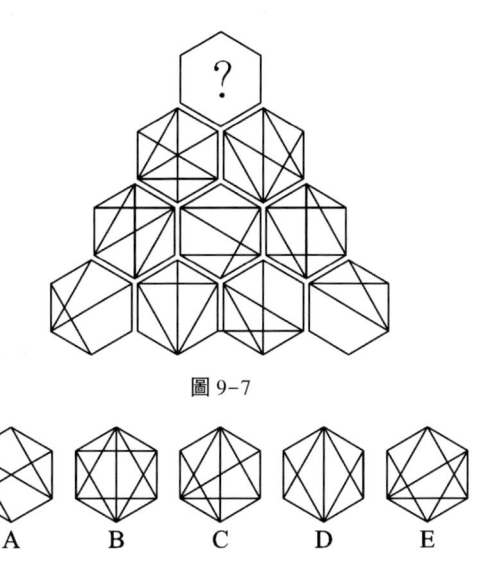

9. 具有邏輯性的圓

觀察圖 9-8 所示的這 4 個圓，A、B、C、D、E（如圖 9-9 所示）中哪一個選項可以使這一排列順序繼續下去？

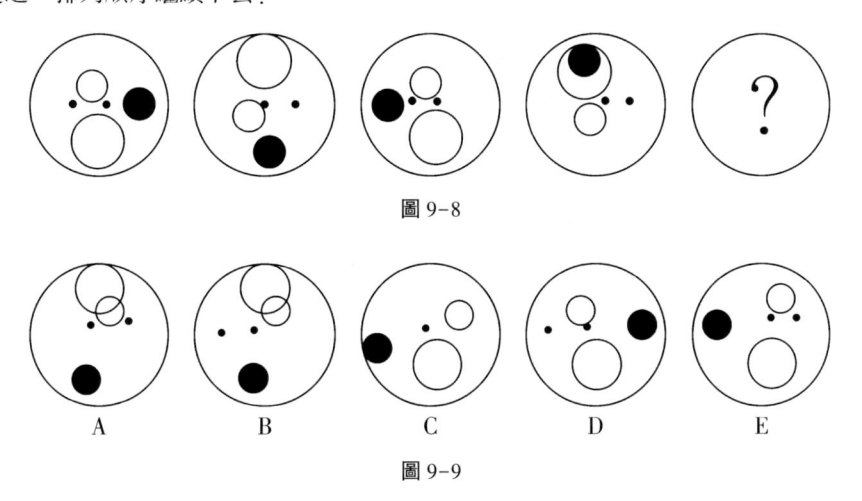

圖 9-8

A　　B　　C　　D　　E

圖 9-9

10. 尋找同一序列

觀察圖 9-10 所示的 4 個圓，下邊哪一選項（如圖 9-11 所示）可以使這一序列得以繼續。

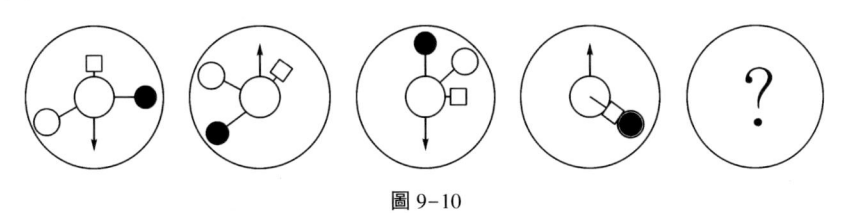

圖 9-10

圖 9-11

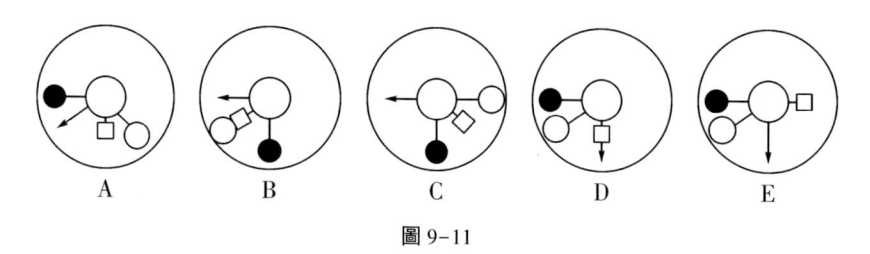

第二套　綜合思維訓練檢測

1. 學生的故事

一所大學裡開設工藝、自然科學和人文科學等學科。新入學的學生最多可以學習其中的兩門學科。學習工藝和人文科學的學生比只學工藝的多 1 人。學習自然科學和人文科學的學生比學習工藝和自然科學的多兩人。學習工藝和人文科學的學生是學習工藝和自然科學的學生的 1/2。21 名學生沒有學習工藝，3 名學生只學人文科學，6 名學生只學習自然科學。

（1）多少名學生沒有學習自然科學？
（2）多少名學生學習自然科學和人文科學兩門學科？
（3）多少名學生學習兩門學科？
（4）多少名學生只學一門學科？
（5）多少名學生沒有學習人文科學？
（6）多少名學生只學工藝這一門學科？

2. 細胞的結構

細胞的結構如圖 9-12 所示。

根據圖中細胞的特點，從「入口」進，從「出口」出來，哪條線路可以做到？

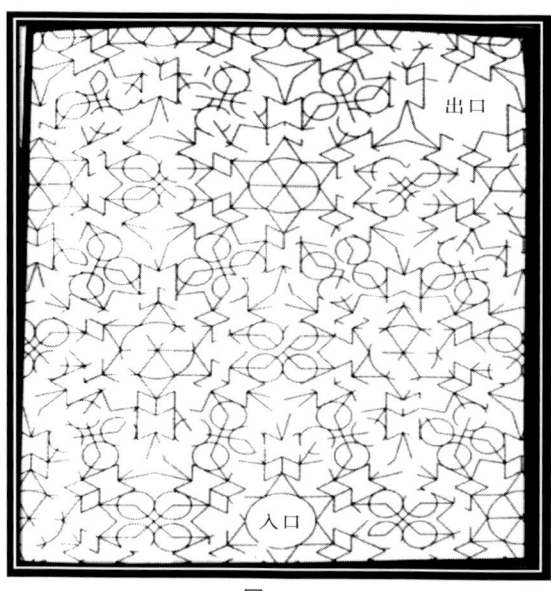

圖 9-12

3. 尋找合適的圖形

觀察圖9-13上方的3個圖形，A、B、C、D、E 5個選項中哪一個與它們是同一系列？

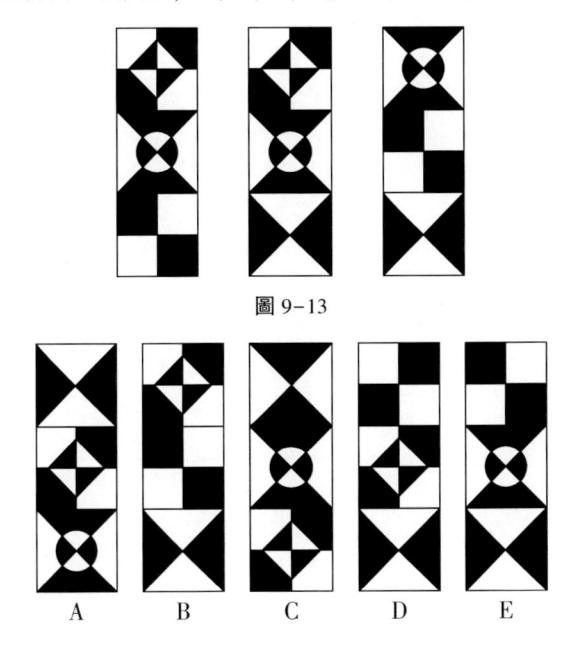

圖 9-13

A　B　C　D　E

4. 圖形的樂趣

觀察圖9-14這一系列圖形，A、B、C、D、E 哪一個選項是這一系列中下一個出現的圖形？

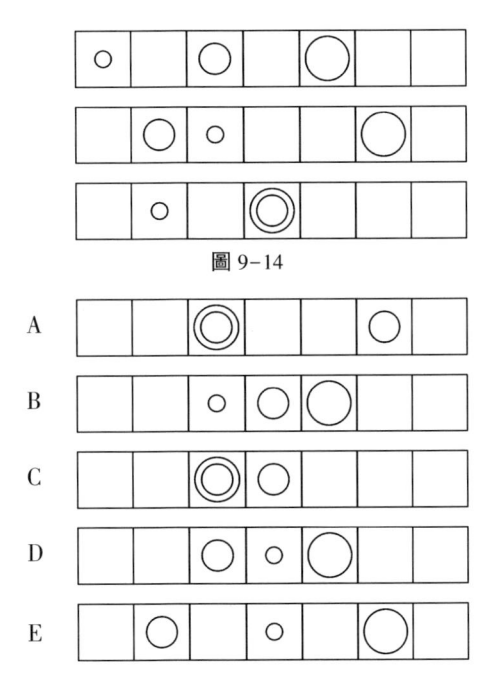

圖 9-14

A

B

C

D

E

5. 變化的火車

一位婦女通常下午 5:30 下班。她先在超市打了一個電話，然後乘坐下午 6:00 的火車，下午 6:30，火車到達她住的小鎮車站。她丈夫每天開車從家裡出發，6:30 到車站接她，也就是她剛剛下車的時候。今天，這位婦女比平時早 5 分鐘下班，她決定直接去車站，而不在超市打電話了，盡量在下午 5:30 出發，於下午 6:00 到達小鎮車站。因為她丈夫沒有在車站接她，所以她開始步行回家，她丈夫按照平時的時間離開家，在路上遇到步行的妻子，調轉車頭，讓她上車，然後開車回家，到家時比平時早了 10 分鐘。

假設所有的火車都是準時的，在丈夫接她上車之前，這位婦人步行了多長時間？

6. 盒子的問題

如圖 9-15 所示，任意一個符號在盒子的面上只出現一次。請問哪一個盒子是由這個模板做成的？

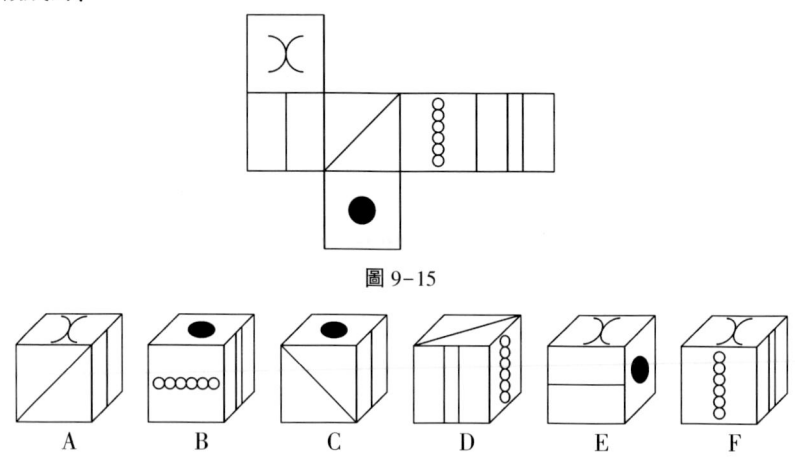

圖 9-15

7. 快樂的學生

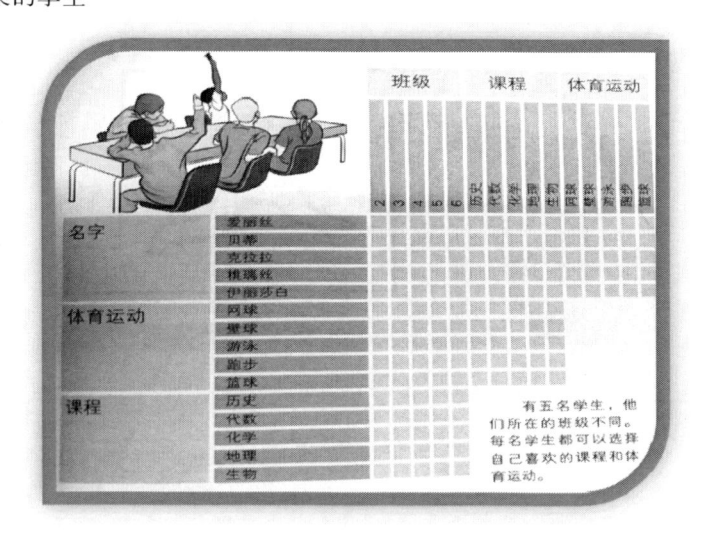

圖 9-16

如圖 9-16 所示，具體情況如下：
（1）有個女孩喜歡打壁球，她不在 5 班；
（2）桃瑞絲在 3 班，貝蒂喜歡跑步；
（3）喜歡跑步的那個女孩在 2 班；
（4）4 班的那個女孩喜歡游泳，伊麗莎白喜歡化學；
（5）愛麗絲在 6 班，喜歡打壁球，但不喜歡地理；
（6）喜歡化學的那個女孩同樣也喜歡打籃球；
（7）喜歡生物的那個女孩同樣也喜歡跑步；
（8）克拉拉喜歡歷史但不喜歡打網球。
請推算出每個女孩所在的班級、喜歡的課程和體育運動，填在表 9-1 中。

表 9-1

名字	班級	課程	體育運動

8. 贏得的賭局

比爾對吉姆說：「我們每一局都打個賭吧。每一局的賭注是你錢包中鈔票的一半，我們賭 10 局。因為你錢包裡有 8 美元，所以我們第一局的賭注是 4 美元。如果你贏了，我就付給你 4 美元，如果我贏了，你就給我 4 美元。第二局開始時，你應該有 12 美元或者 4 美元。那麼我們的賭注應該是 6 美元或者 2 美元。以此類推。」

圖 9-17

他們賭了 10 局。比爾贏了 4 局，輸了 6 局，但是吉姆發現他只剩下 5.7 美元，輸掉了 2.3 美元。這可能嗎？

創新思維案例

9. 兩種色調的難題

如圖 9-18 所示，所給出的圖形可以轉換成 A、B、C 中的哪一個？

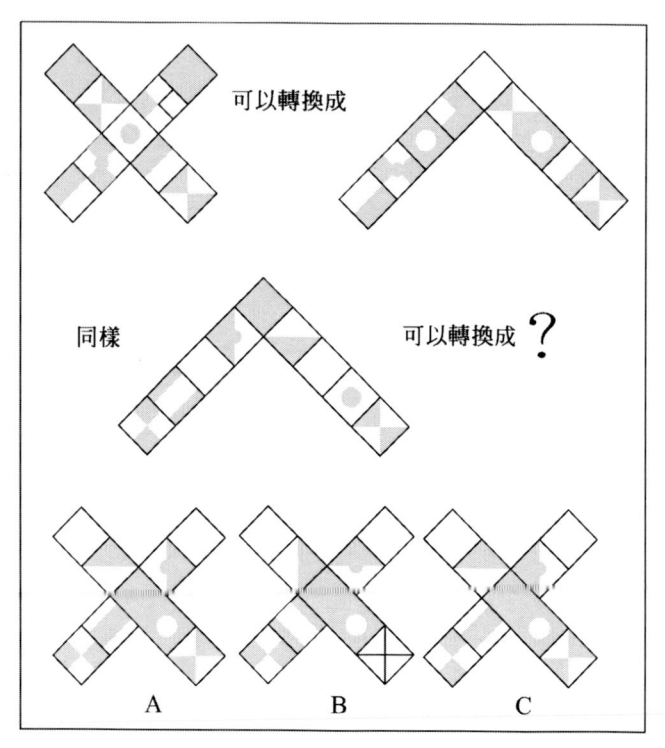

圖 9-18

10. 改變圖形

如圖 9-19 所示，所給出的圖形可轉換成 A、B、C、D、E 中的哪一個？

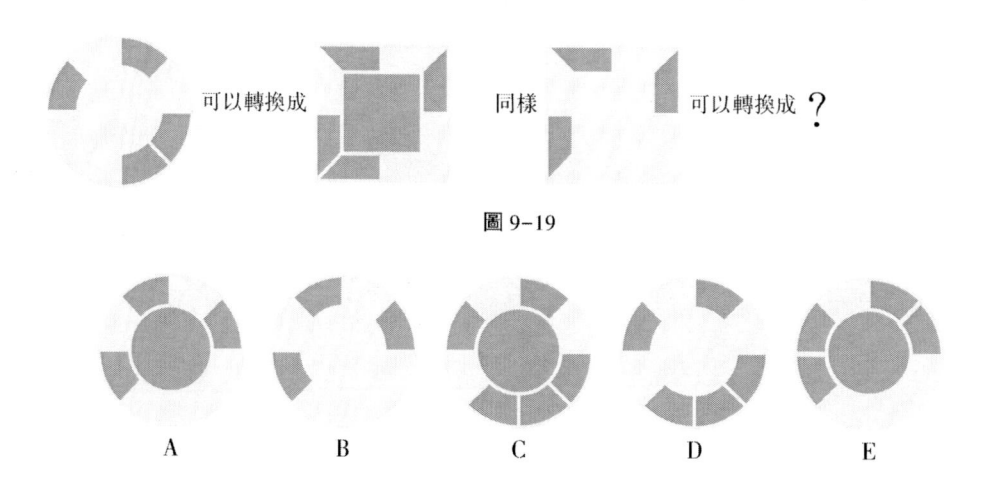

圖 9-19

第三套 綜合思維訓練檢測

1. 裝飾紙牌

如圖 9-20 所示，桌上有 4 張紙牌，每張紙牌都有一面是黑色或白色，另一面上有星星或三角形圖案。

為了瞭解每張黑色紙牌的另一面是否有三角形的圖案，你必須翻動幾張，分別是哪幾張？

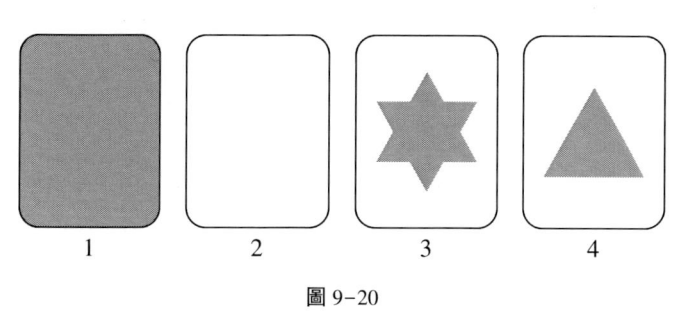

圖 9-20

2. 有規律的系列

如圖 9-21 所示，下列哪個圓可以代替這個圖形中的問號？

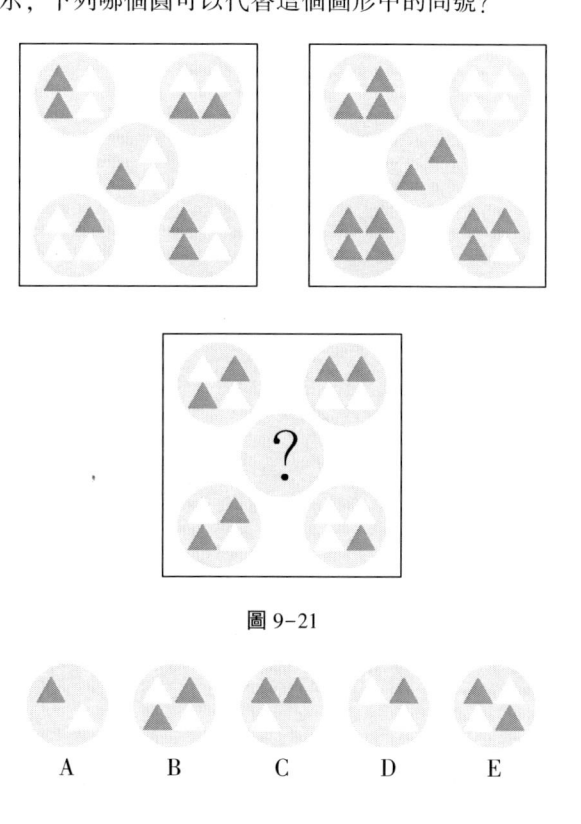

圖 9-21

A　　B　　C　　D　　E

3. 圓的序列

觀察圖 9-22 這些圓，下列哪個選項可以使這一序列得以繼續？

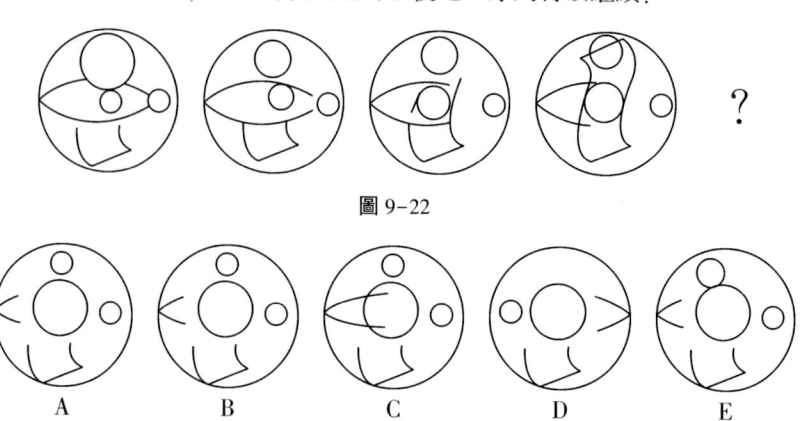

圖 9-22

A　　B　　C　　D　　E

4. 分割鑽石

如圖 9-23 所示，請將鑽石分成形狀相同的四部分，每一部分都包括 A、B、C、D、E 五種符合。

圖 9-23

A　　B　　C　　D　　E

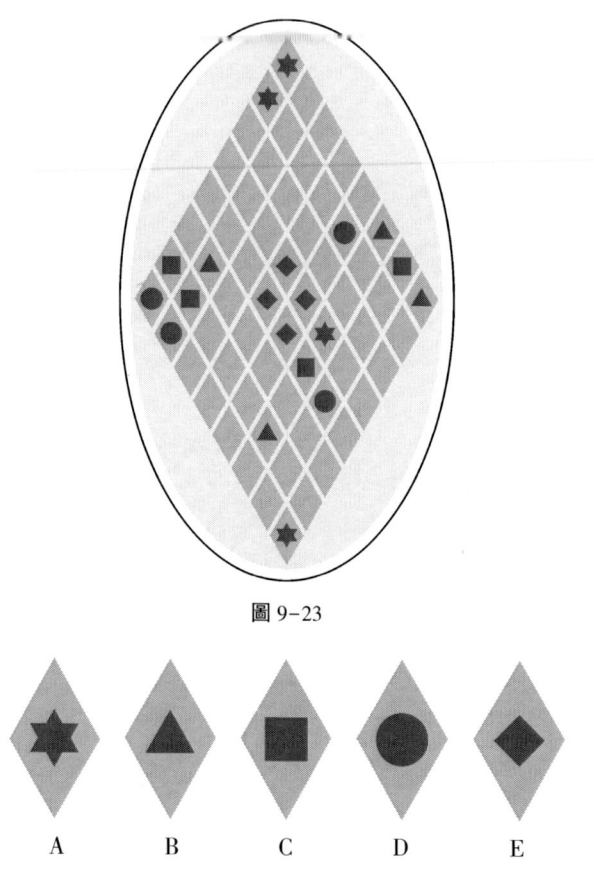

5. 假鈔

上個月，一艘輪船在舊金山港被海關扣留。在船上發現了成捆的假鈔。假鈔上的號碼是連續的，面值 5 美元的假鈔號碼從 20361 到 20584，面值 10 美元的假鈔號碼從 17888 到 17940。如果這些鈔票是真鈔的話，那它們的總額是多少？

A：$942　B：$1,135　C：$1,513　D：$1,650　E：$1,789　F：$1,881

6. 拆除爆炸裝置

要想拆除如圖 9-24 所示的這個爆炸裝置，你必須按照正確的順序按下 8 個按鈕，直到到達「PRESS」按鈕。每個按鈕只能按一次，按鈕上的「U」表示向上，「D」表示向下，「L」表示向左，「R」表示向右。每個按鈕上的數字表示移動的次數。

你必須最先按下的按鈕是哪一個？

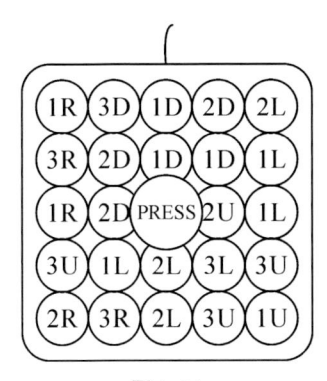

圖 9-24

7. 有趣的序列

觀察圖 9-25 所示的這三幅圖案，A、B、C、D 中哪一選項可以使這一序列繼續下去？

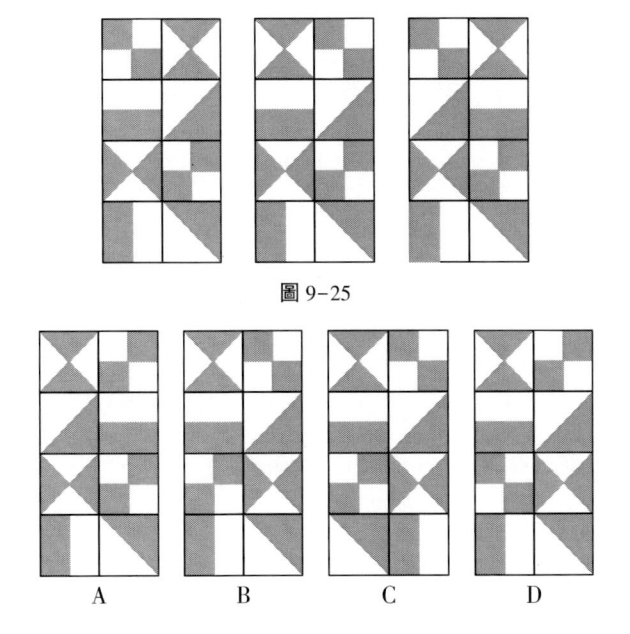

圖 9-25

A　B　C　D

創新思維案例

8. 等分土地

沿著線條把如圖 9-26 所示的這個模塊分成 4 部分，使每一部分包括一個三角形和一顆星。每一部分的形狀和大小必須相同，但三角形和星的位置可以有所變化。你能做到嗎？

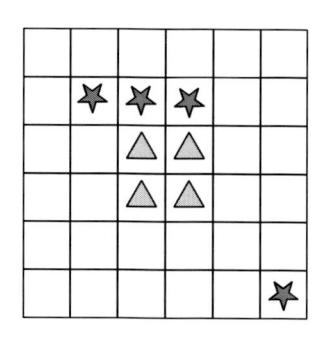

圖 9-26

9. 座位

A 先生和 A 太太邀請了 3 對夫妻來參加晚宴。他們分別是 B 先生和 B 太太、C 先生和 C 太太、D 先生和 D 太太。在座位安排上（如圖 9-27 所示），有一對夫妻被分開了，你能根據下邊的提示推算出是哪對夫妻嗎？

(1) 坐在 A 太太對面的人位於 B 先生的左邊；

(2) 坐在 C 太太左邊的人位於 D 先生的對面；

(3) 坐在 D 先生右邊的人是位夫人，她對面的那位夫人坐在 A 先生左邊的第二個位子上。

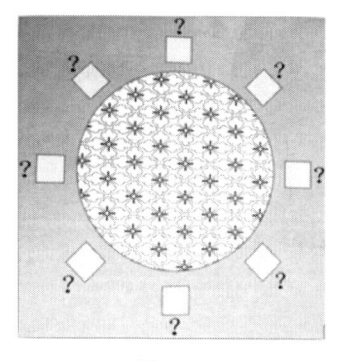

圖 9-27

10. 蜘蛛的推理

最後一個蜘蛛網（如圖 9-28 所示）代表的數值是多少？

108

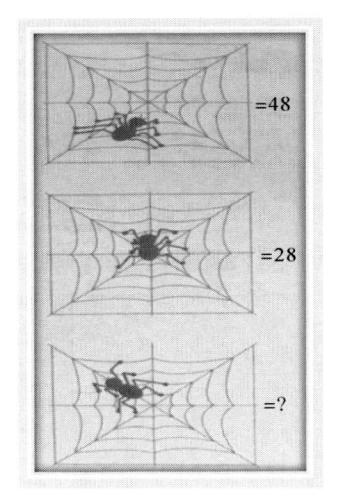

圖 9-28

第四套 綜合思維訓練檢測

1. 空白格子

如圖 9-29 所示，問號應用什麼數字代替？

4	2	5	3	1				7	0	1	3	6				1	9	9	0	8			
3	8	2	8	7	F	D	A	2	2	1	4	5	H	I	E	5	7	4	6	7	G	B	C
8	0	1	7	7				9	1	3	8	6				?	?	?	?	?			

圖 9-29

2. 數字方格

在如圖 9-30 所示的方格中，交叉點的數值等於與其相鄰的四個數字之和。

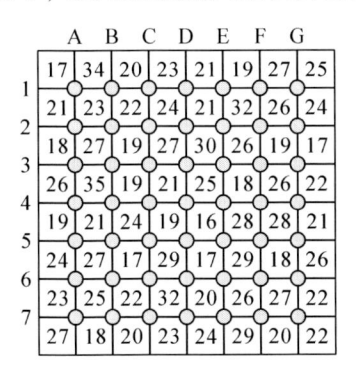

圖 9-30

（1）你能從 4 個值為 100 的交叉點中找出兩個來嗎？
（2）哪一個交叉點的值最小？

(3) 值最大的交叉點是哪一個？
(4) 第 7 行中值為最大的交叉點是哪一個？
(5) 在 B 列中值為最小的交叉點是哪一個？
(6) 哪一行或那一列中值為 100 或者超過 100 的交叉點最多？
(7) 哪一行或者那一列中的交叉點的總和最小。

3. 變換的三角形

如圖 9-31 所示，求出問號所代表的數字？

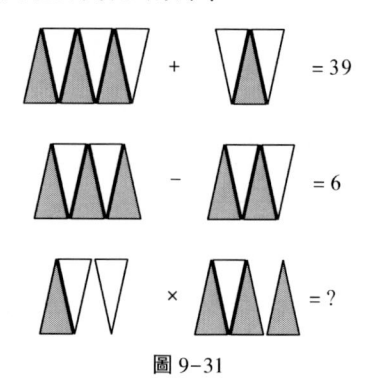

圖 9-31

4. 叢林任務

你正在叢林中執行一項任務，來到一條河邊，唯一的辦法就是小心地踩著一塊塊石頭，到達河對岸。如果選錯了石頭，你就會掉到河裡，河裡可是爬滿了鱷魚的！

從 A 出發（如圖9-32 所示），每行只能踩一塊石頭，你所選擇的石頭的順序是什麼？

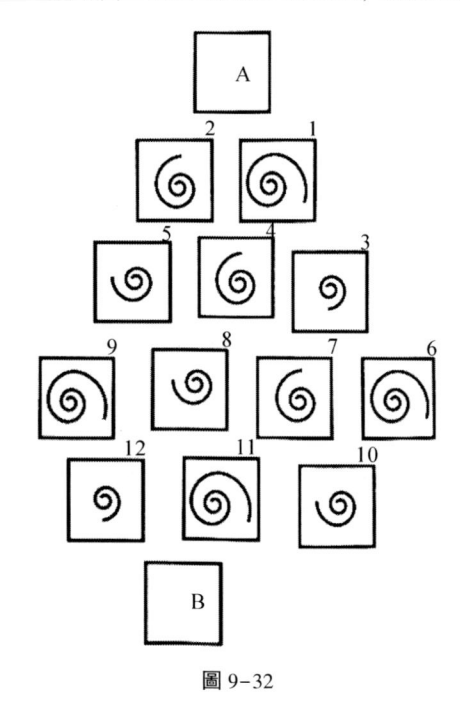

圖 9-32

5. 缺失的數字

如圖 9-33 所示，你能推算出問號處缺失的數字嗎？

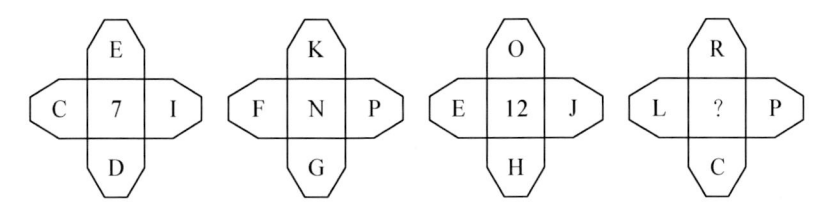

```
    E           K           O           R
  C 7 I       F N P       E 12 J      L ? P
    D           G           H           C
```

圖 9-33

6. 混亂的符號

如圖 9-34 所示，下邊表格中的符號是按照一定的規律排列的，你能找出這種規律，並填寫出空白處缺失的符號，從而使表格完整嗎？

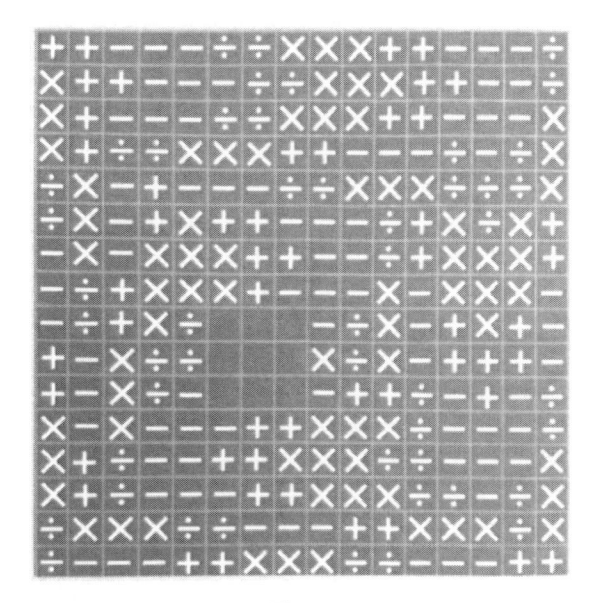

圖 9-34

7. 字母的秘密

圖 9-35 中問號可以用哪個字母來代替？

111

圖 9-35

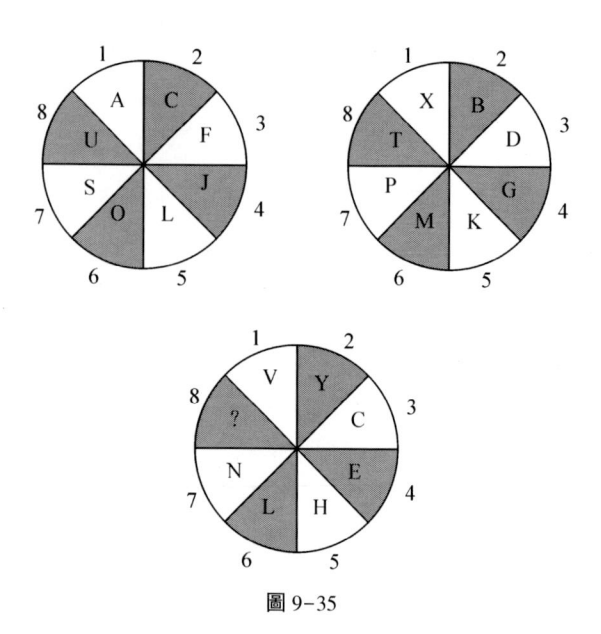

8. 奇怪的關係

下邊哪一組數字之間的關係，與第一組數字之間的關係相同？

482：34

A：218：24

B：946：42

C：687：62

D：299：26

E：749：67

9. 類推游戲

如圖 9-36 所示，參照 A 和 B 的對應關係，那麼 C 應該和哪一項是對應的？

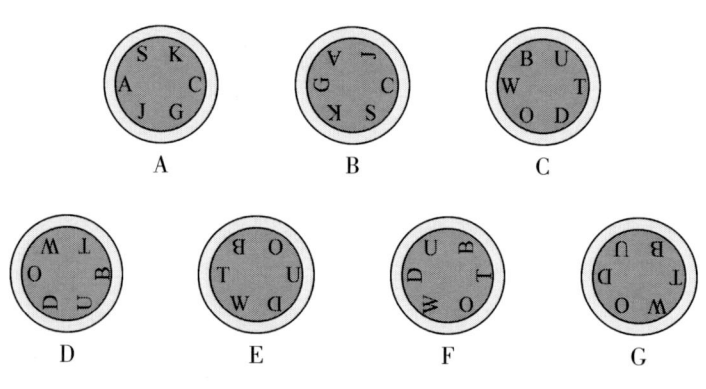

圖 9-36

10. 有趣的臉譜

如圖 9-37 所示，表格中的臉譜表情排列是有著某種規律的，你能從 A、B、C、D 中選出空白處缺失的表情嗎？

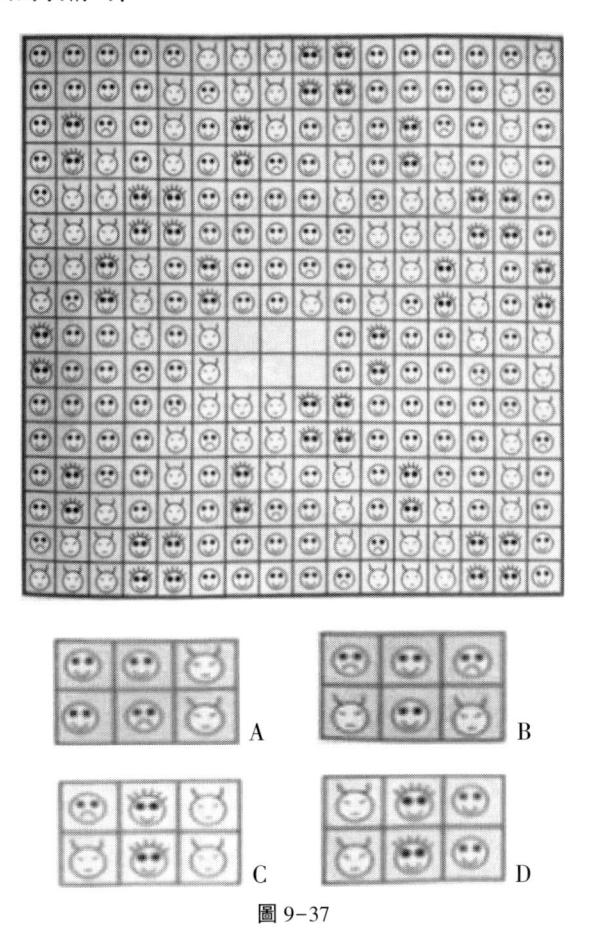

圖 9-37

第五套 綜合思維訓練檢測

1. 賽馬

如圖 9-38 所示，每匹馬都負載一定的重量進行障礙賽跑。你能推算出最後一匹馬的編號嗎？

創新思維案例

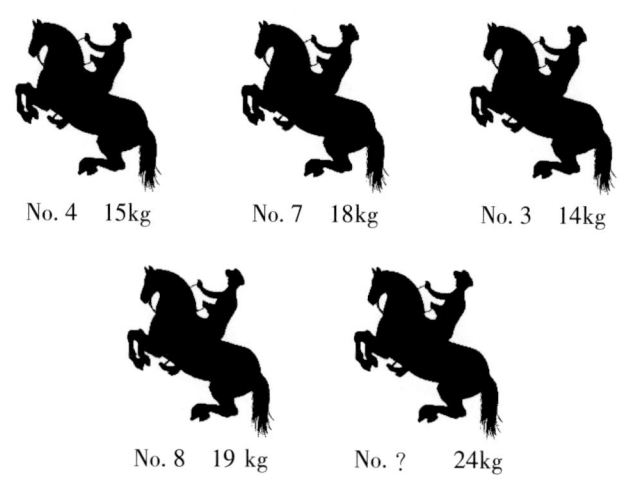

No. 4　15kg　　　No. 7　18kg　　　No. 3　14kg

No. 8　19 kg　　　No. ?　24kg

圖 9-38

2. 完成表格

如圖 9-39 所示的符號排列是有著某種規律的，你能填出空白處缺失的符號嗎？

圖 9-39

3. 與眾不同

圖 9-40 中，哪一項與眾不同？

114

第九章 綜合思維訓練實戰檢測

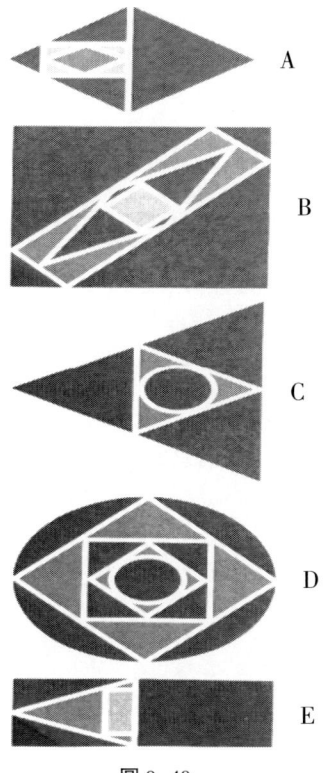

圖 9-40

4. 缺失的數字

你知道應該用 A、B、C、D、E 中哪個數字代替圖 9-41 中的問號嗎？

A. 30　　B. 32　　C. 34　　D. 36　　E. 38

圖 9-41

5. 數字噩夢

如圖 9-42 所示，你能推算出表格中的數字排列規律，並在空白處填上合適的數字嗎？

圖 9-42

6. 圖案序列

觀察下邊的圖案序列（如圖 9-43 所示），你能看出下邊哪一項可以接續其後嗎？

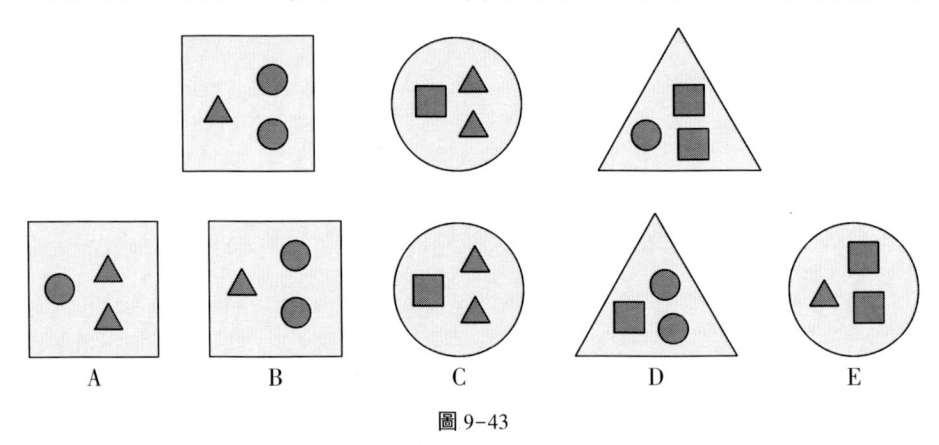

A　　　B　　　C　　　D　　　E

圖 9-43

7. 圖表推理

如圖 9-44 所示，在圖形問號處添加「+」或「-」，使周圍字母加減後的得數等於圖形中間的字母。

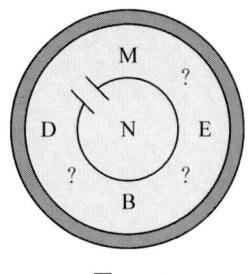

圖 9-44

8. 擺渡者的難題

一個男子把自己的 5 個孩子交給擺渡者，讓他必須把孩子們全部送到河對岸，每次到達對岸的孩子數量要盡可能最少，以保證每個孩子單向往返的次數相同。孩子們的年齡都不相同，擺渡者一次最多只能帶兩個孩子渡河。但是，在擺渡者不在場的情況下，任何兩個年齡臨近的孩子不能待在一起，只有擺渡者才可以划船。那麼擺渡者需要往返多少次才能把孩子全部送到對岸？又是怎樣的一個順序呢？

9. 數字推理

如圖 9-45 所示的哪一項數字可以代替表格中的問號？

6	2	5	7
8	3	17	7
9	2	9	9
7	4	10	?

A. 24　　B. 30　　C. 18　　D. 12　　E. 26

圖 9-45

10. 符號類推

如圖 9-46 所示，參照圖 1 和圖 2 的對應關係，請問圖 3 應該和 A、B、C、D、E 中的哪一項是對應的？

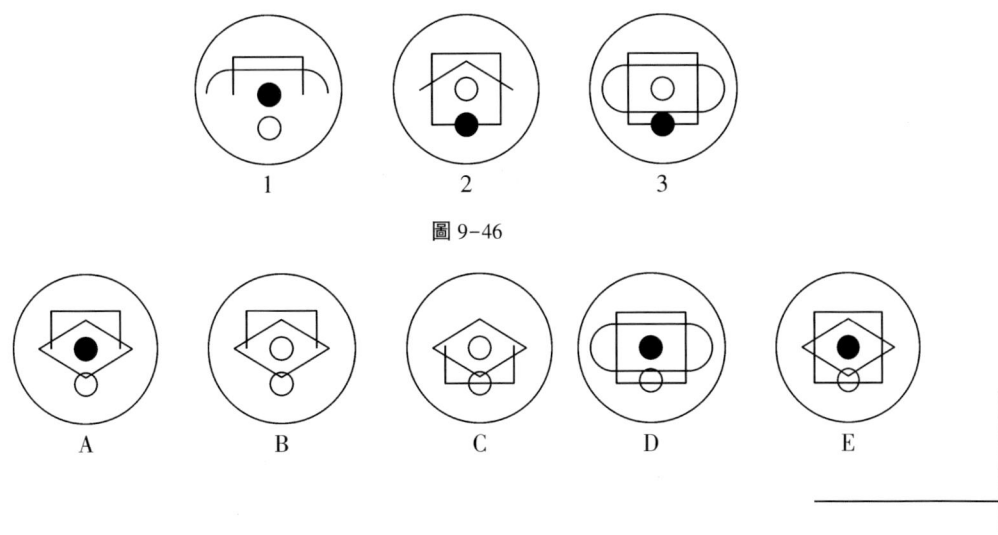

圖 9-46

第六套 綜合思維訓練檢測

1. 符號反射

在圖 9-47 中的外圈的 4 個圓中,每個位置的符號按照出現的次數,決定其是否被移動到中間的圓中:

出現一次——移動

出現兩次——有可能移動

出現三次——移動

出現四次——不移動

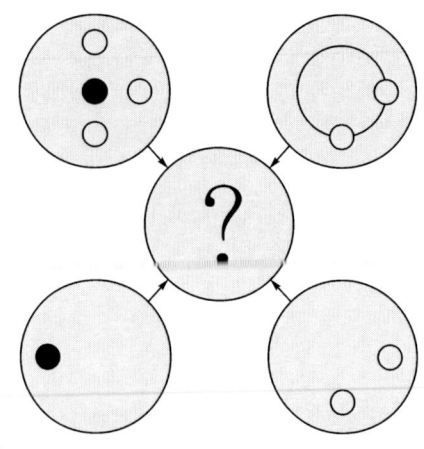

圖 9-47

那麼,中間圓中的符號應該是圖 9-48 中的哪一項呢?

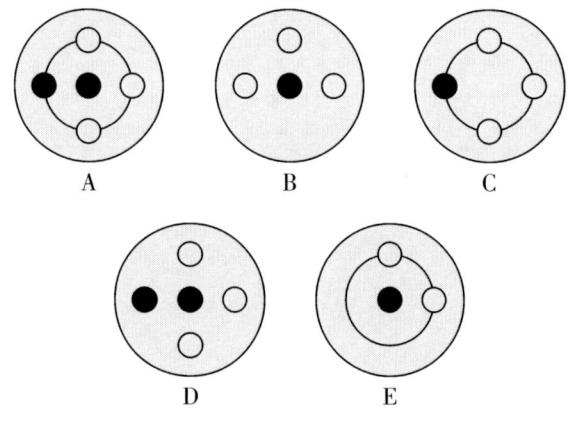

圖 9-48

2. 與眾不同

圖 9-49 的選項中，哪一個是與眾不同的？

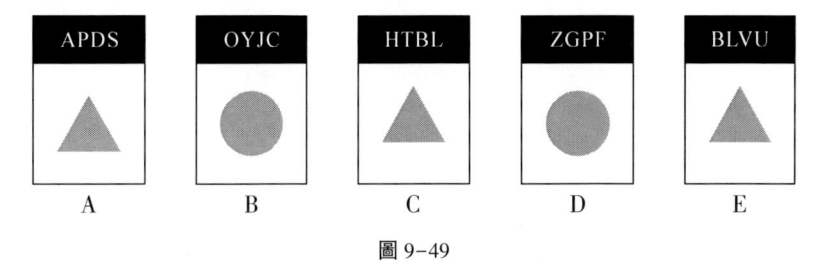

APDS	OYJC	HTBL	ZGPF	BLVU
△	●	△	●	△
A	B	C	D	E

圖 9-49

3. 混亂的符號

觀察圖 9-50 所示的一組符合序列，A～E 選項中，哪一項可以接排在上面的符號序列後？

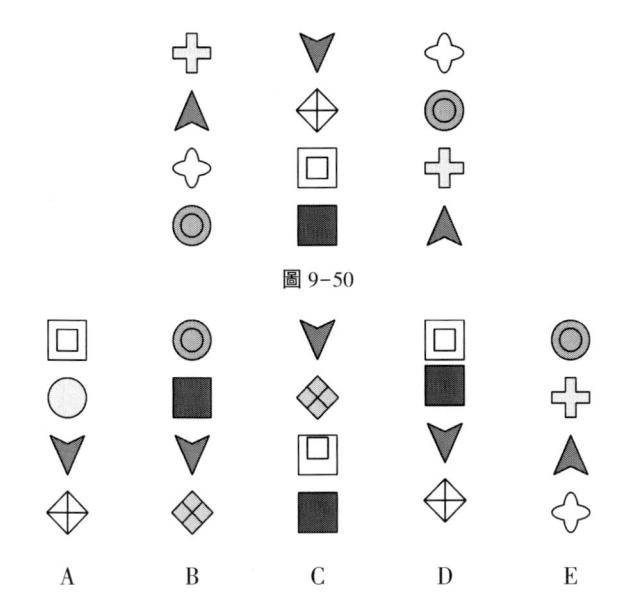

圖 9-50

A B C D E

4. 水果之謎

圖 9-51 所示的是幾種水果，旁邊的數字是各種水果的數量。各種水果的單詞與水果的數量之間，有一種邏輯關係。那麼，你知道桃子的數量是多少嗎？

```
APPLES     69
PEARS      59
PEACHES    ?
MELONS     78
```

圖 9-51

119

5. 類推難題

如圖 9-52 所示，圖 1 和圖 2 的關係，類同於圖 3 與 A、B、C、D、E 哪一項的關係？

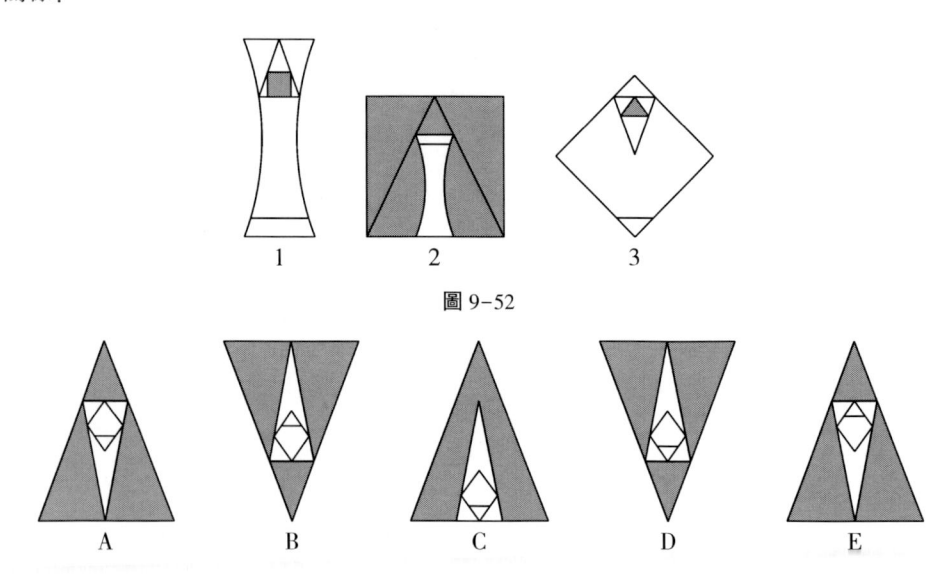

圖 9-52

6. 正方形之謎

如圖 9-53 所示，請在問號處填入合適的數字。每種顏色都代表一個小於 10 的數字。

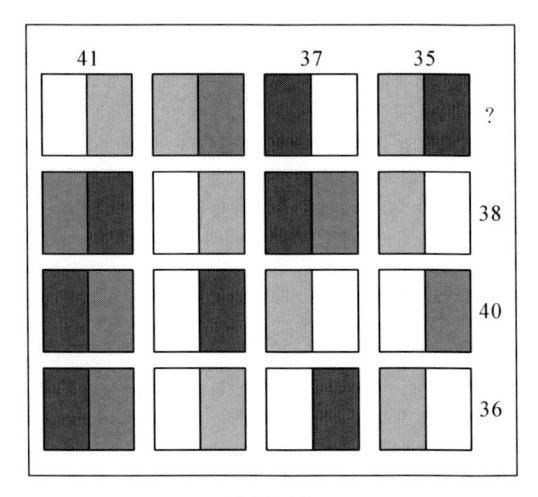

圖 9-53

7. 找不同

如圖 9-54 所示，下邊一組圖案中，哪一個是與眾不同的？

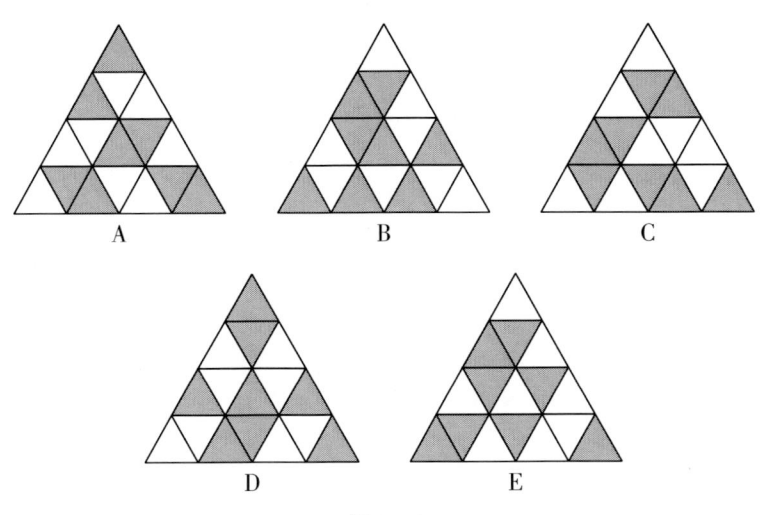

圖 9-54

8. 找不同

如圖 9-55 所示，這些自行車在參加一個夜間比賽，發生了一件非常怪異的事情。每輛自行車的開始時間和結束時間，有著某種算術上的聯繫。如果你能找出這種聯繫，就可以算出自行車 D 是什麼時間結束的。

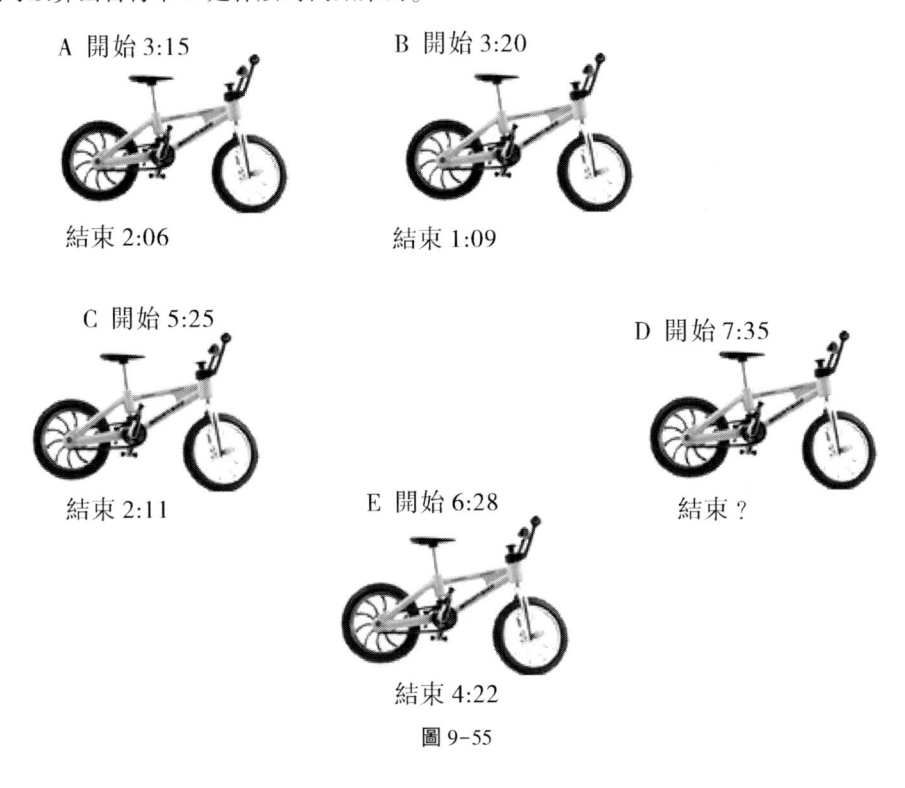

A 開始 3:15

結束 2:06

B 開始 3:20

結束 1:09

C 開始 5:25

結束 2:11

D 開始 7:35

結束？

E 開始 6:28

結束 4:22

圖 9-55

9. 字母推理

如圖 9-56 所示，從 A 到 B 的變化，類同於從 C 到哪一項的變化？

```
A       B       C
C       E       D
F       I       W
T       X       B


D       E       F       G       H
Z       F       Y       E       F
F       Z       C       Y       Y
C       F       F       E       G
```

圖 9-56

10. 符號推理

用 3 條直線把圖 9-57 所示的圖表分成 6 個部分，使得每 1 個部分有 1 個鐘表、2 只兔子和 3 個閃電的形式。

圖 9-57

第七套 綜合思維訓練檢測

1. 與眾不同
圖 9-58 所示的哪幅圖是與眾不同的？

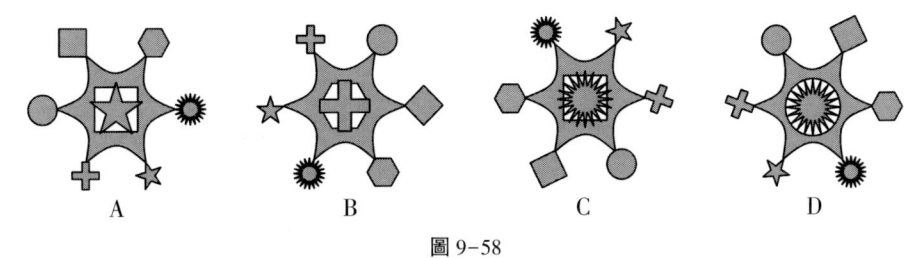

圖 9-58

2. 缺失的鑲板
你能從 A～F 中找出圖 9-59 中一組鑲板中缺失的一項嗎？

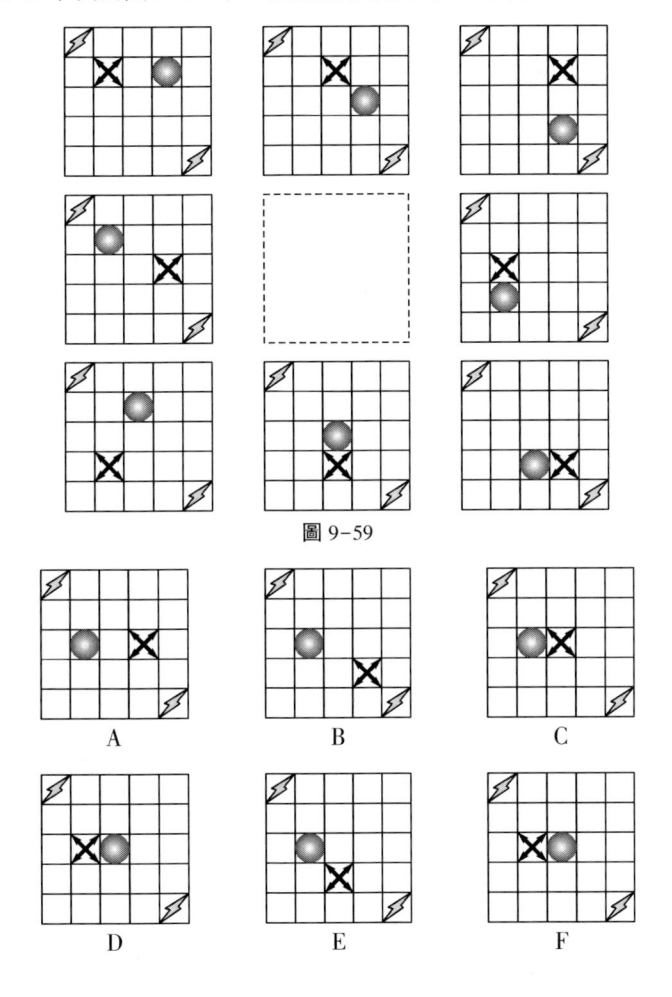

圖 9-59

3. 賽車迷

如圖 9-60 所示的是正在參加大賽的賽車，你能推算出 Indianapolis 賽車的編號嗎？

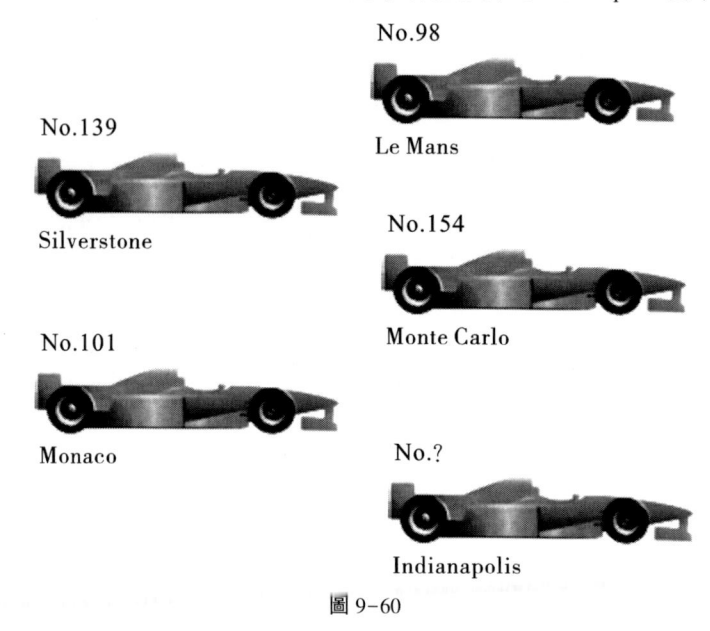

No.139 Silverstone

No.101 Monaco

No.98 Le Mans

No.154 Monte Carlo

No.? Indianapolis

圖 9-60

4. 混亂的盾牌

A 至 F 5 個選項中，哪一項可以替換圖 9-61 中的空白盾牌？

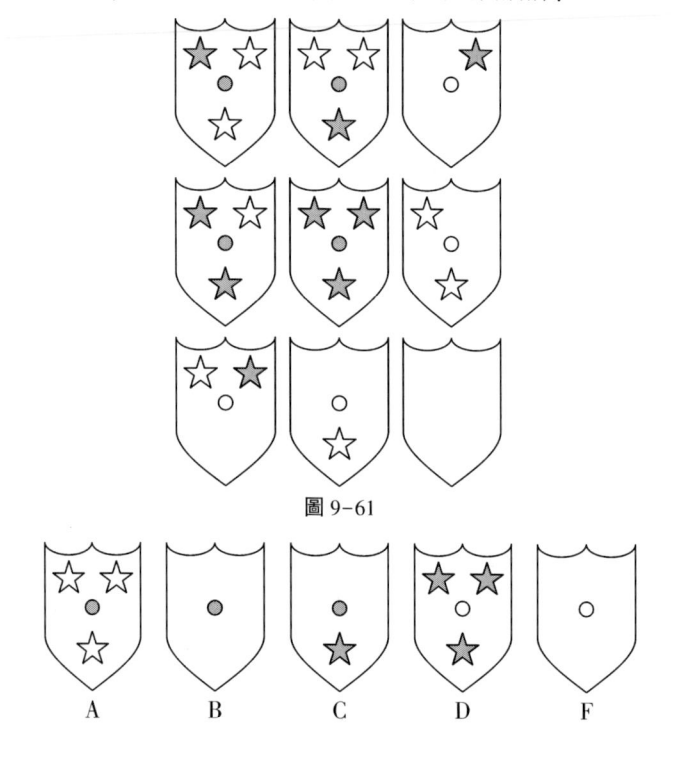

圖 9-61

A   B   C   D   F

5. 推理難題

如圖 9-62 所示，從 A 到 B 的變化，類同於從 C 得哪一項的變化？

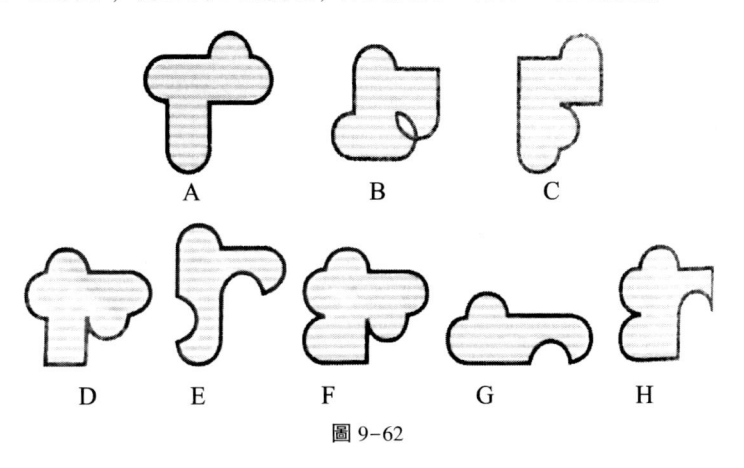

圖 9-62

6. 圓盤難題

觀察圖 9-63 的圓盤序列，推算出其中隱藏的規律，並從 A—E 中選出可以接續序列的一項。

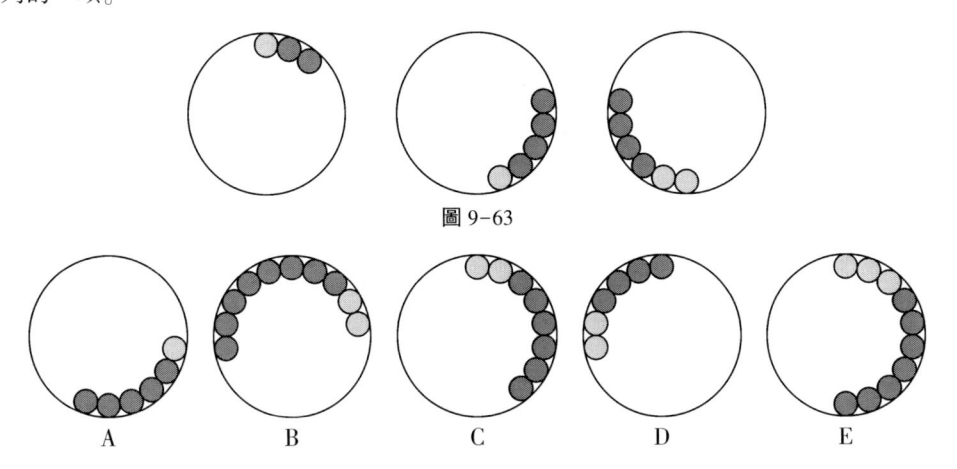

圖 9-63

7. 混亂的圖形

如圖 9-64 所示，A 轉換成 B，類同於 C 轉換為哪一項？

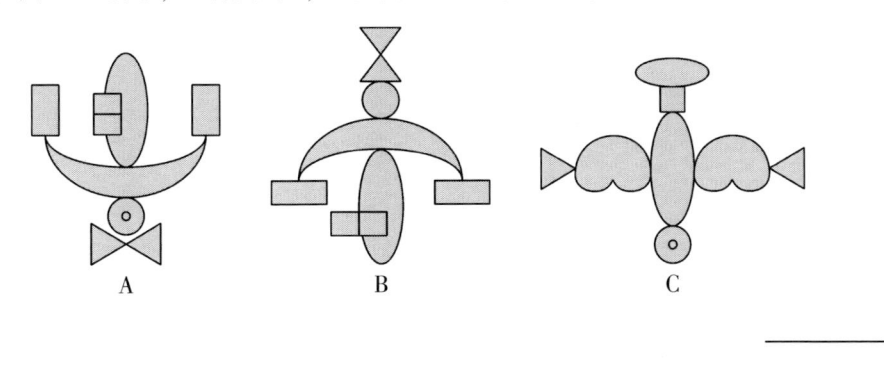

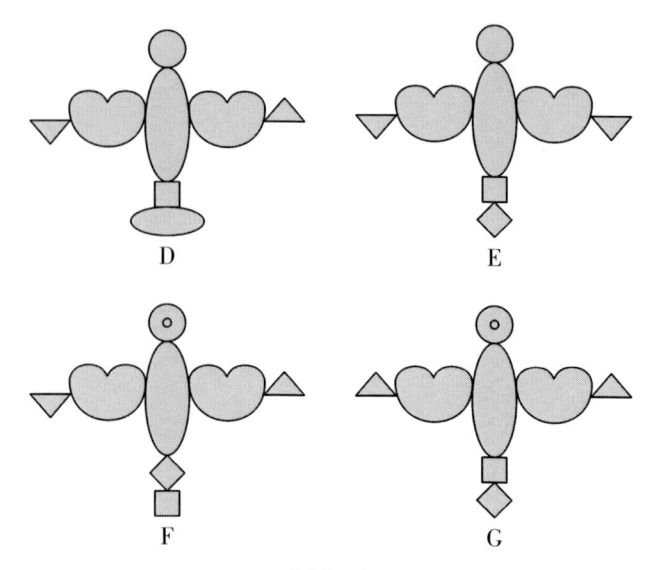

圖 9-64

8. 缺失的數字

如圖 9-65 所示，那個數字可以代替圖中的問號？

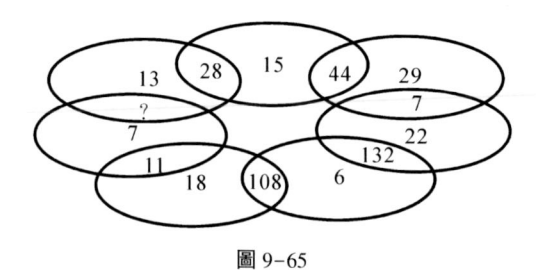

圖 9-65

9. 接下來是什麼？

觀察圖 9-66 所示的一組圖案的規律，從 A 至 E 中選出可以接續這組圖案的一項（如圖 9-67 所示）。

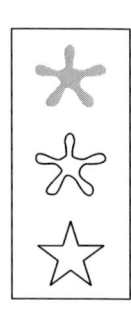

圖 9-66

图 9-67

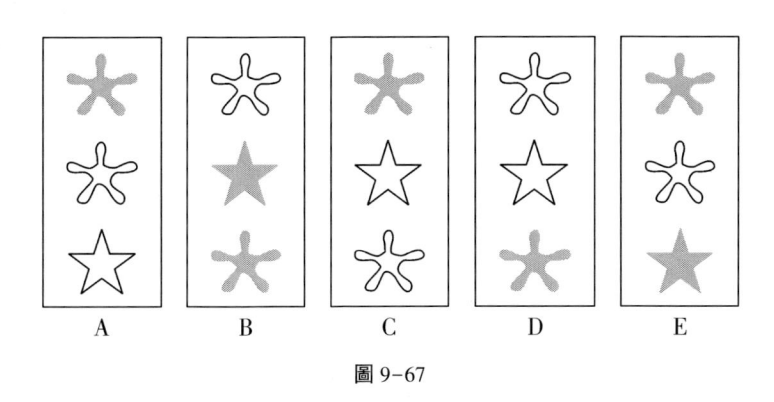

10. 正方形難題

觀察圖 9-68 所示的一組正方形，問號處應該是什麼數字？

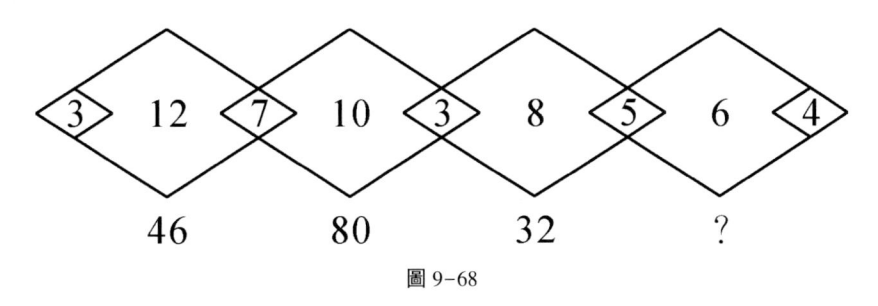

圖 9-68

第八套 綜合思維訓練檢測

1. 線條理論

圖 9-69 所示的哪一個與眾不同？

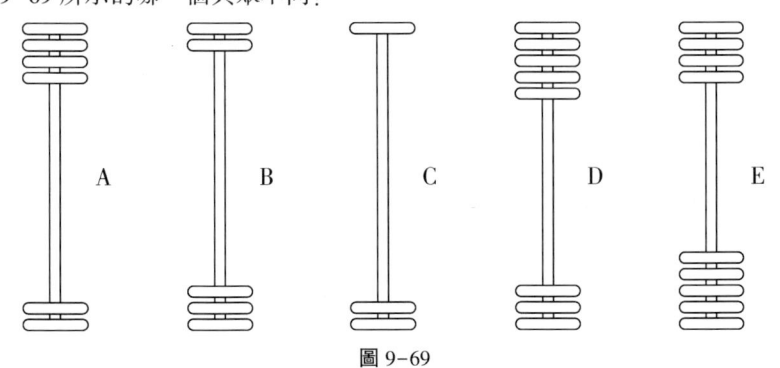

圖 9-69

2. 數字大轉盤

如圖 9-70 所示，你能找出轉盤上的數字規律，並用合適的數字替代圖中的問號嗎？

圖 9-70

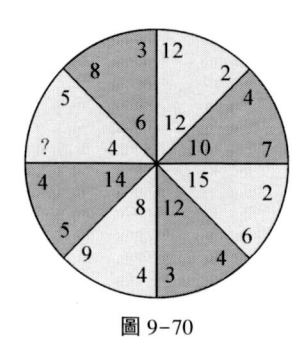

3. 圖案難題

如圖 9-71 所示，下面 4 個圖案中，哪一項是與眾不同的？

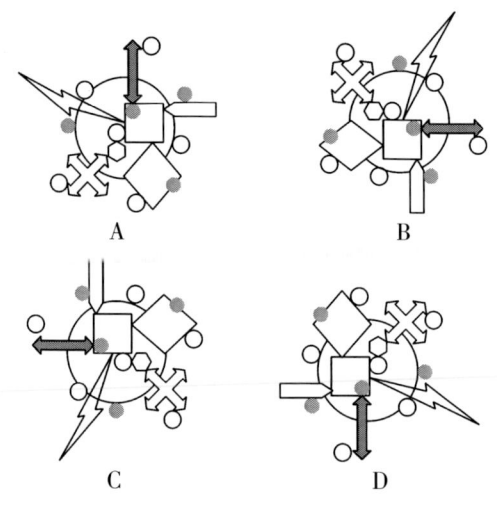

圖 9-71

4. 劃撥圓點土地

如圖 9-72 所示，用 5 條直線把正方形分成 7 個部分，並且每部分分別含有 1、2、3、4、5、6、7 個圓點。每條直線與正方形的邊至少有一個交點。

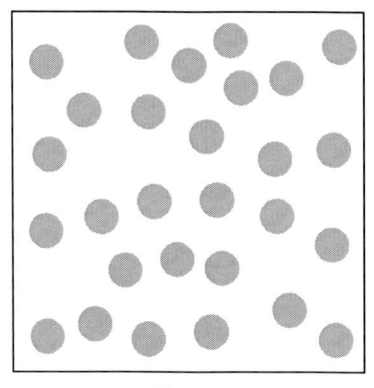

圖 9-72

5. 兔子的圍欄

如圖 9-73 所示，直線 AA 上有 3 只兔子，直線 CC 上也有 3 只兔子，直線 BB 上有 2 只兔子。有多少條直線上有 3 只兔子？有多少條直線上有 2 只兔子？如果拿走 3 只兔子，將餘下的 6 只兔子排成 3 排，且每排有 3 只兔子，該怎麼排列？

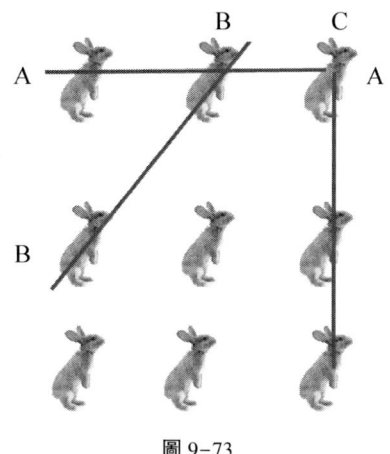

圖 9-73

6. 前後一致

如圖 9-74 所示，你知道最後一個三角形的問號處應該放哪種符號？

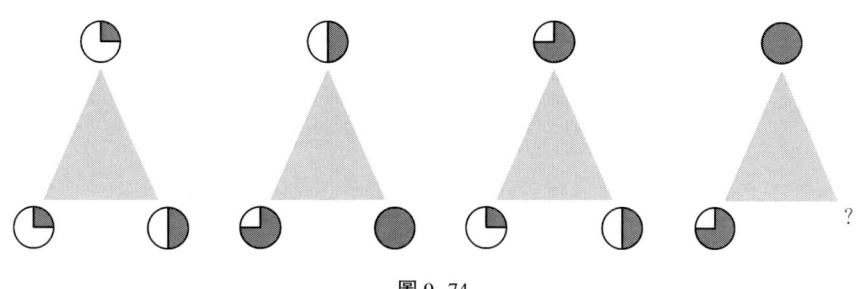

圖 9-74

7. 缺失的數字

如圖 9-75 所示，你知道該用什麼數字替換圖中的問號嗎？

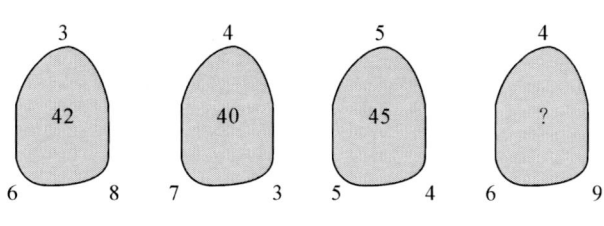

圖 9-75

創新思維案例

8. 類推難題

如圖 9-76 所示，A 和 B 的對應關係，類同於 C 和哪一項的對應關係？

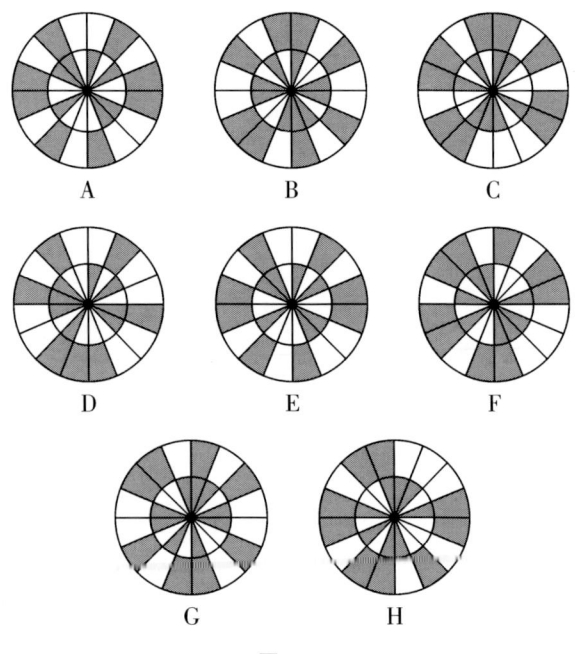

圖 9-76

9. 手提箱之謎

如圖 9-77 所示，根據給出的手提箱重量，請判斷哪一個手提箱與眾不同？

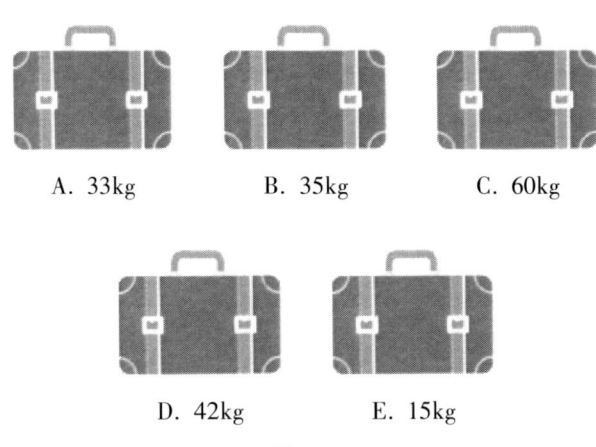

A. 33kg　　B. 35kg　　C. 60kg

D. 42kg　　E. 15kg

圖 9-77

10. 與眾不同

如圖 9-78 所示，從下邊各項中找出規律，請問裡邊哪一項是與眾不同的？

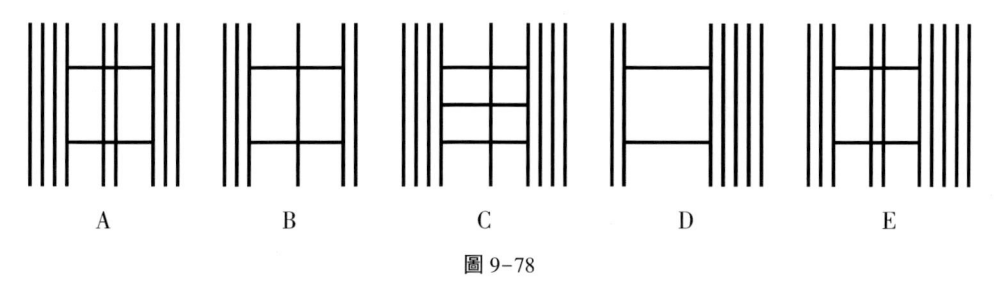

A　　　　B　　　　C　　　　D　　　　E

圖 9-78

第九套　綜合思維訓練檢測

1. 與眾不同的模塊

如圖 9-79 所示，下邊四組模塊中，哪一組是與眾不同的？

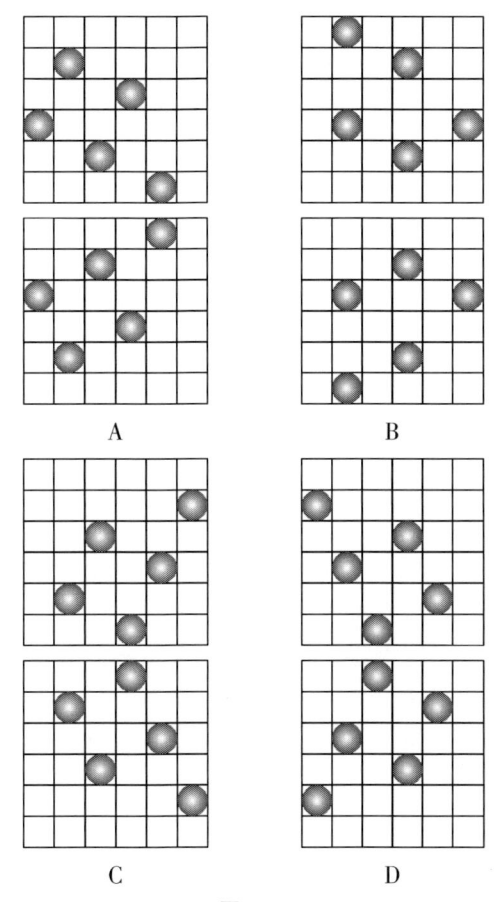

A　　　　　　　　B

C　　　　　　　　D

圖 9-79

2. 車牌之謎

如圖 9-80 所示，這些汽車的車牌號存在一定的規律，最後一輛汽車的車牌號應該是？

圖 9-80

3. 文具難題

3 個孩子，喬安娜、理查德和托馬斯，每人的課桌上都有 1 支鋼筆、1 支蠟筆和 1 個文具盒。每個文具上都有 1 個圖案，分別是小貓、大象和兔子，但相同的文具上沒有相同的圖案，並且同 1 個孩子的 3 個文具上的圖案也都各不相同。喬安娜的文具盒和托馬斯的鋼筆上的圖案相同。理查德的鋼筆和喬安娜蠟筆上的圖案相同。理查德文具盒上的圖案是小貓，托馬斯鋼筆上的圖案是大象。

(1) 誰的鋼筆上的圖案是小貓？
(2) 理查德蠟筆上的圖案是什麼？
(3) 誰的文具盒上的圖案是兔子？
(4) 托馬斯文具盒上的圖案是什麼？
(5) 誰的蠟筆上的圖案是兔子？

4. 訓練火車司機

火車庫房裡有 1 個外帶兩條支線的橢圓鐵軌，這是用來訓練火車司機在特殊情況時的處置能力的。老師給出了下邊黑板上的問題：

如圖 9-81 所示，將貨物 A 運到 B 處，將貨物 B 運到 A 處，但不能讓它們穿越隧道，最後將火車頭返回到原來的位置。

請問火車司機怎樣解決這個問題？

圖 9-81

5. 格子的難題

如圖 9-82 所示，在這個序列中，下一個出現的應該是 A~D 中的哪個選項？

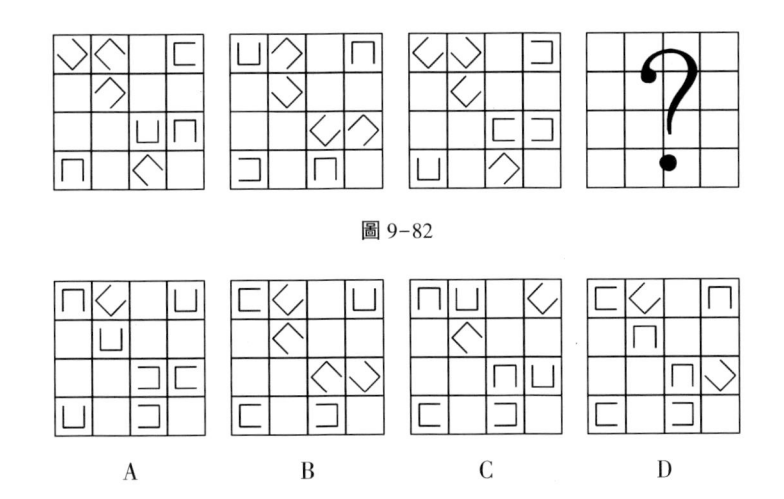

圖 9-82

A　　　　　B　　　　　C　　　　　D

6. 格子遊戲

下面來嘗試一下這個有些難度的格子遊戲（如圖 9-83 所示），你能計算出這些符號所代表的數值嗎？

（1）方格 C2 的值是多少？

（2）方格 D4 的值是多少？

（3）方格 B6 的值是多少？

（4）方格的最高值是多少？

（5）行 1 和列 A 的數字相加，和是多少，方格 A1 的值只計算一次。

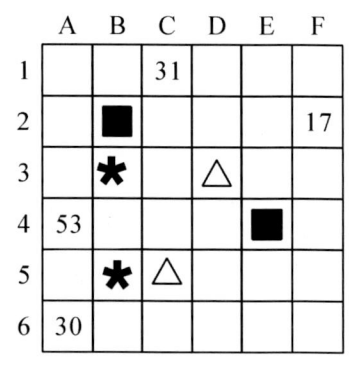

	A	B	C	D	E	F
1			31			
2		■				17
3		✱		△		
4	53				■	
5		✱	△			
6	30					

圖 9-83

7. 阿爾加維的約會

在阿爾加維的最東邊，靠近西班牙的邊境有一個小鎮，鎮上的道路像曼哈頓一樣呈格子狀分佈，這種佈局最早出現在古希臘的城市建設中，7個小朋友住在標有「○」的不同地方。他們打算一起去喝咖啡。

如圖 9-84 所示，為了使 7 個小朋友都能走最短的路線，見面的地點應選在哪兩條街道的交叉點？

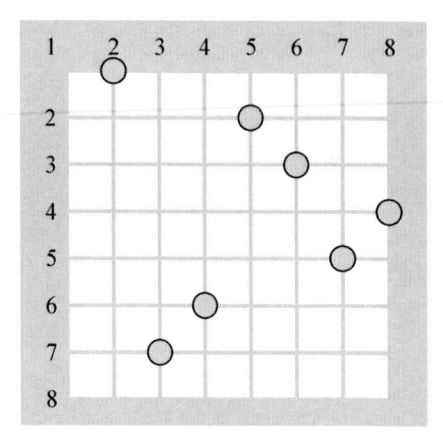

圖 9-84

8. 圓點難題

如圖 9-85 所示，A～D 4 種小圖案中，每種圖案的數值是 1、3、5 或 7 中的一個數。他們拼成的大圖案總數值是 34。請問每種小圖案的數值分別是多少？

第九章　綜合思維訓練實戰檢測

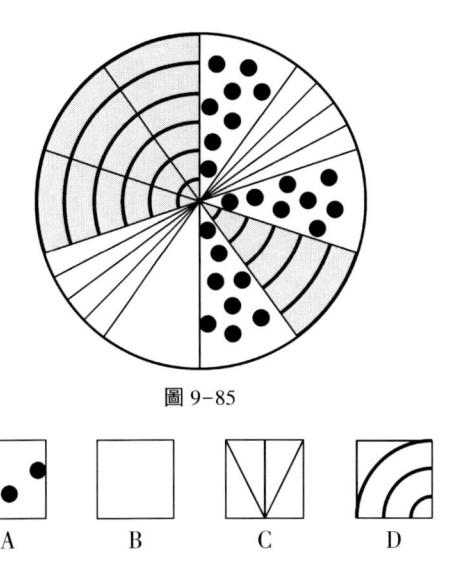

圖 9-85

| A | B | C | D |

9. 圖畫之謎

如圖 9-86 所示，A~D 選項中，哪一個可以接續該圓形序列？

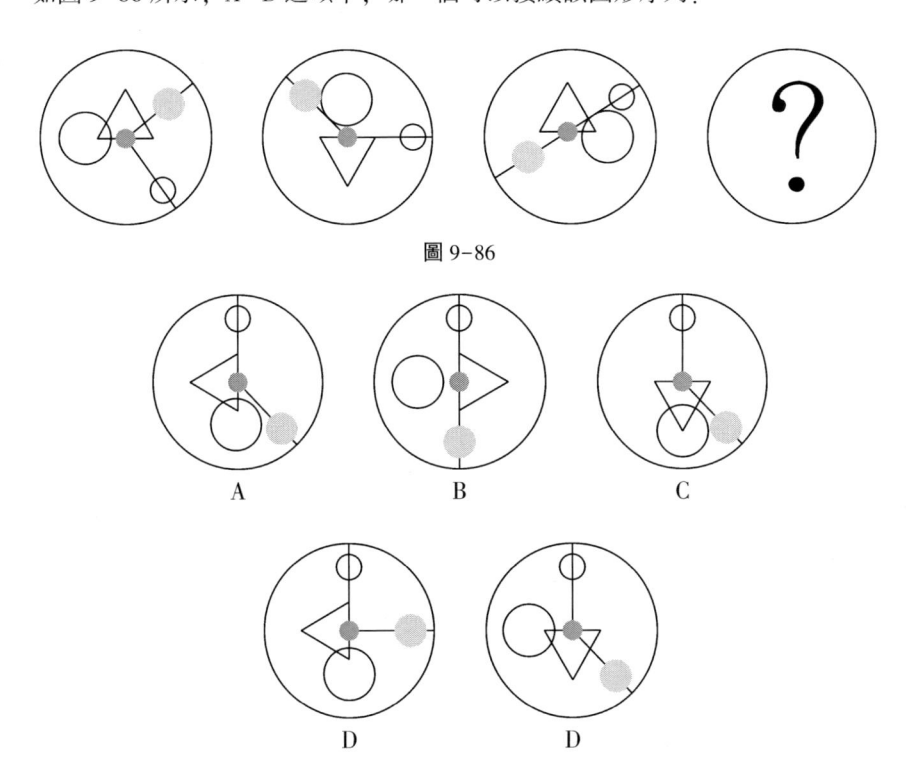

圖 9-86

A　　　B　　　C

D　　　D

135

創新思維案例

10. 數字的邏輯

如圖 9-87 所示，從左上角的圓開始，順時針方向移動，請算出下面問號處應該填入的各個數字？

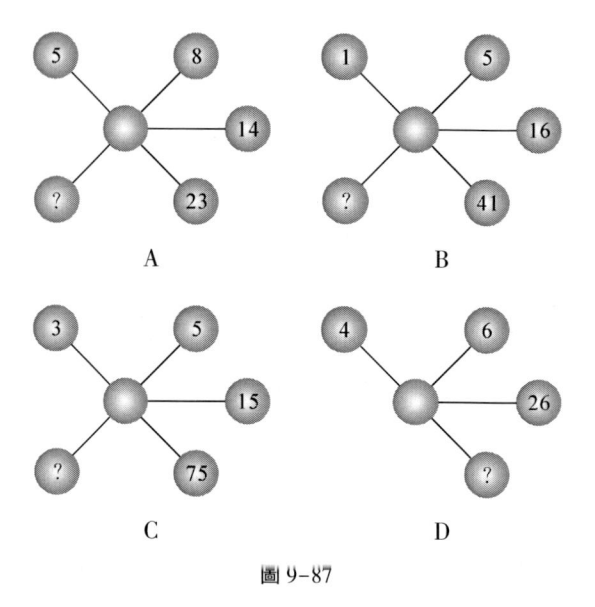

A

B

C

D

圖 9-87

第十套 綜合思維訓練檢測

1. Zero 的軌道

行星繞行恆星一週時間的平方，與其軌道主軸的立方之間存在一定的比例關係（如圖 9-88 所示）。根據這一點，如果 CD 是 AB 的 4 倍，且行星 Zero 的 1 年相當於地球的 6 年時間，那麼行星 Hot 上的 1 年有多長時間？

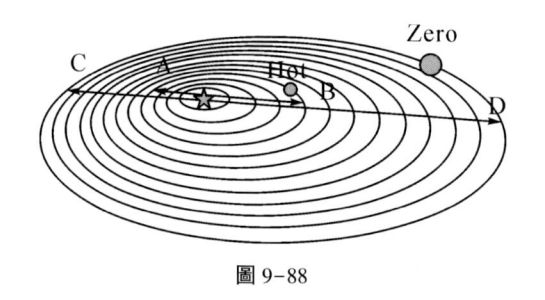

圖 9-88

2. 汽車加油

如圖 9-89 所示，每輛汽車都加滿了油，汽車牌號與汽車加油量之間存在著某種聯繫，你能推算出最後一輛汽車的加油量嗎？

136

圖 9-89

3. 不穩定的和平

坎貝爾斯族和麥克菲爾遜族本是兩個敵對的部落，後來因為雙方部落首領的兒子和女兒結婚而合併在一起。然而，每個部落的成員仍只忠於自己的部落，而不信任敵對部落，開始幾年，兩個部落之間若有什麼任務，包括修建房屋、打獵、捕魚、做飯等，就各自派出相同的人數組成一個團隊去完成。

有一天，乘坐著 30 名船員的捕魚船（每個部落各 15 人，由坎貝爾斯族部落首領率領），遭遇了非常惡劣的暴風雨。漁船就要下沉了，帶隊的頭領和船員達成一致意見，為了保住漁船和一部分人，必須有一半的人冒險跳入水中，自己游上岸，頭領說，他會非常公平地選擇哪些人離開。他說，大家按照他的吩咐排成一個圓圈，每次數到的第 9 個人必須離開，船員們都同意了這種做法，他們按照頭領的吩咐，從 1 到 30 依次排隊站好。

頭領怎樣安排船員的排隊次序，才可以做到使離開船的都是麥克菲爾遜族的人呢？

4. 玫瑰之謎

如圖 9-90 所示，空白的圓形內應填入多少個玫瑰形？

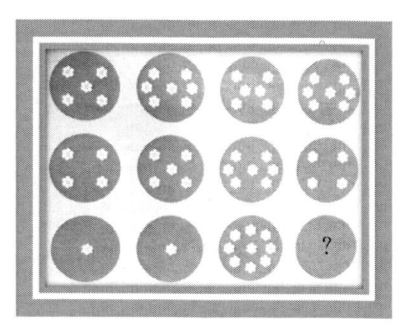

圖 9-90

5. 圖案規律

A~E 5 個選項中，哪一項可以填在圖 9-91 的空白處？

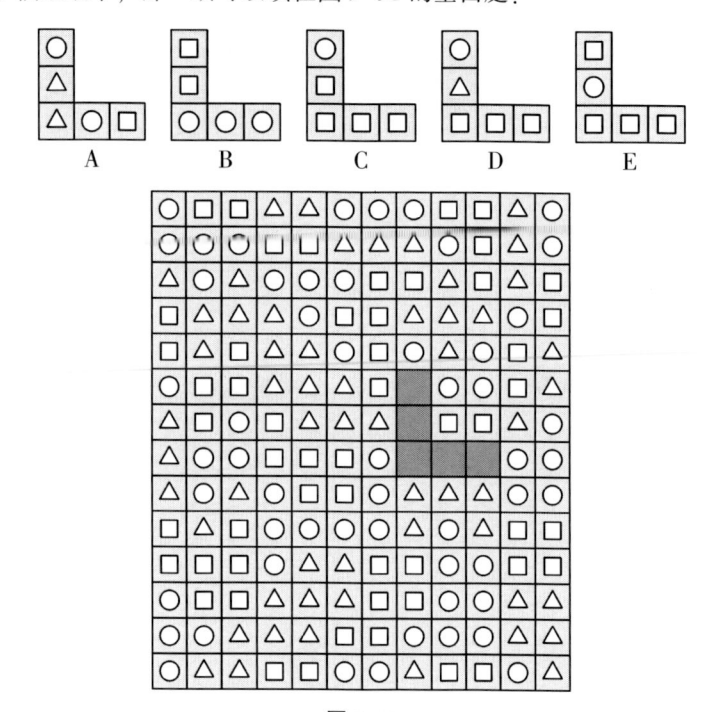

A　　B　　C　　D　　E

圖 9-91

6. 三角形的困擾

如圖 9-92 所示，請用 1 個數字代替圖中的問號，使每 1 種顏色都代表 1 個小於 10 的數字。

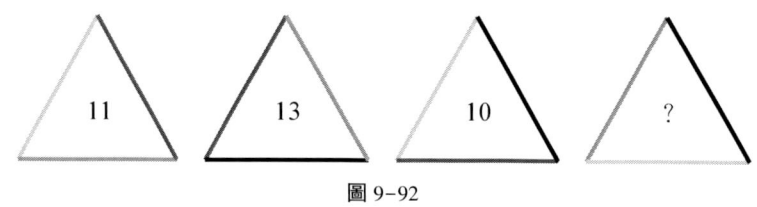

11　　13　　10　　?

圖 9-92

7. 火車的軌跡

如圖 9-93 所示，每列火車的編號和目的數字存在著某種聯繫，你能推算出 428 號列車駛往哪裡嗎？

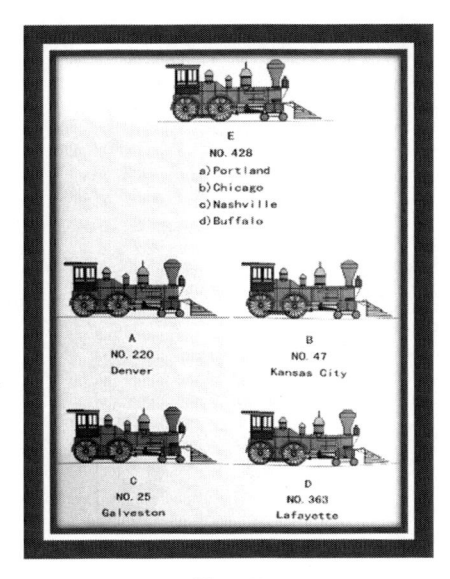

圖 9-93

8. 圖形轉換軌跡

如圖 9-94 所示，根據給出的符號數值，請用 3 條直線將表格分成 6 個部分，使得每一部分中的符號數值之和都等於 16。

圖 9-94

9. 房子問題

如圖 9-95 所示，問號中應該填寫什麼數字？

■ 創新思維案例

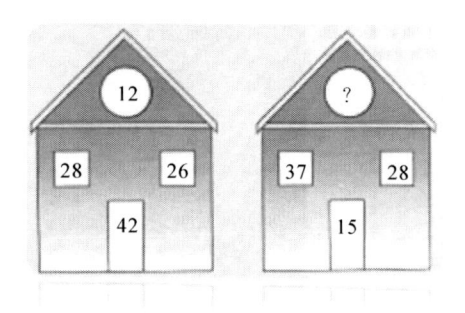

圖 9-95

10. 圖形變換

如圖 9-96 所示，在這些圖形中，哪一個與其他的不同？

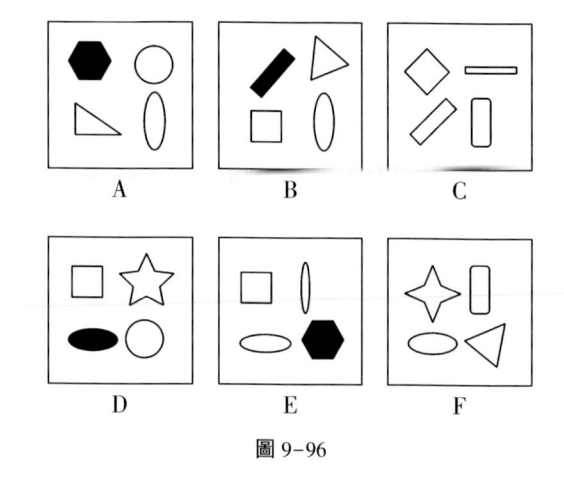

圖 9-96

第十章　各章節游戲實戰答案

第一章游戲實戰答案

1. 視覺效應
答案：C。在其他圖形中，中間的圖形都是左上角與右下角圖形的放大。
2. 食品規律
答案：C。5 種食品按照同樣的順序出現，依次是：蘋果、橘子、蒜頭、雞肉、葡萄。
3. 耀眼的鑽石
答案：一共有 64 塊，平均分成 4 份，每份有 16 塊。
4. 眉目傳情
答案：D。看一下前邊兩幅圖，第一張臉上的兩眼組合後即為第二張的左眼，而第二張臉的右眼則是一個新引進的圖案；現在再看第二和第三張臉，第二張臉的左眼沒有傳遞給第三張，而是把它的右眼直接替換第三張臉的左眼，但第三張的右眼同樣是一個新圖案。這種交替的轉換模式持續下去，比如第三張臉的兩眼組合構成了第四張臉的左眼。
5. 射擊場競賽
答案：普利森上校的環數為 200 環，艾米少校的環數為 240 環，法爾將軍的環數為 180 環。三位射手各自說錯的話為：普利森上校的第一句話，艾米少校的第三句話，法爾將軍的第三句話。
6. 城鎮大鐘
答案：題目中的鬧鐘是電子鬧鐘，問題出在顯示數字的 7 條線中，有一條無法顯示，如圖 10-1 所示：6 ← 這條線無法顯示。

	鬧鐘顯示的數字		正確的顯示
8:55	5		5
8:56	6		6
8:58	6 ←	消失了	8
8:59	5 ←	消失了	9
9:00	C ←	消失了	0

圖 10-1

7. 尋房覓友

答案：我們所能做的就是根據 3 個問題可能的回答找出一個唯一符合各項回答的數字。如果有多種可能，就無法確定了。

問題一：你的門牌是小於 41 的嗎？

回答是，則說明門牌號是 1~40，回答不是，則說明門牌號是 42~82。

回答是則為 1~40，即 1、2、3、4、5、6、7、8、9、10、11、12、13、14、15、16、17、18、19、20、21、22、23、24、25、26、27、28、29、30、31、32、33、34、35、36、37、38、39、40。回答不是則為 42~82，即 42、43、44、45、46、47、48、49、50、51、52、53、54、55、56、57、58、59、60、61、62、63、64、65、66、67、68、69、70、71、72、73、74、75、76、77、78、79、80、81、82。

問題二：能被 4 整除的見藍色字體。

問題三：你的門牌號是完全平方數嗎？滿足條件的見藍色字體下劃線。

總結：

情況 1：如果 3 個條件同時回答「是」，即滿足門牌是「小於 41」&「被 4 整除」&「門牌完全平方」＝門牌號為 4、16、36，則門牌號不唯一，這個推斷錯誤。

情況 2：第一個回答為「否」，第二和第二個回答為「是」，即滿足門牌是「大於 41」&「被 4 整除」&「門牌完全平方」＝門牌號為唯一的 64，也就是正確答案。

8. 俱樂部難題

答案：2 人。

假設所有 49 名（189-140＝49 名）女性成員都戴眼鏡，則戴眼鏡的男性成員就有 21 名（70-49＝21 名）。再假設這 21 名戴眼鏡的男性人群中有 11 人年齡小於 20，這樣就只剩 10 名年齡大於 20 歲且戴眼鏡的男性成員了。最後再減去 8 個入俱樂部不到 3 年的名額（18-8＝2 人），就得出了符合條件的最小人數為 2 人。

9. 有章可循

答案：D。特徵是在 3 個正方形的組合圖中形成了 4 個三角形，如圖 10-2 所示。

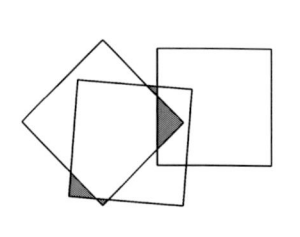

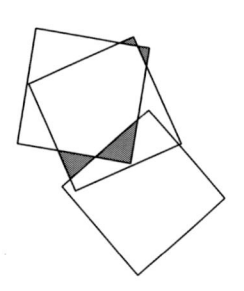

圖 10-2

10. 鐘面拼圖

答案：如圖 10-3 所示。

11+12+1+2 = 26

10+3+9+4 = 26

5+6+7+8 = 26

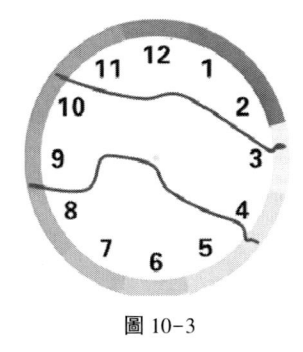

圖 10-3

第二章游戲實戰答案

1. 來福槍打靶

答案：B 上校射中了靶心。

根據靶紙上的點列出所有結果等於 71 環的可能組合，一共可得到 3 種排列方法：

25、20、20、3、2、1

25、20、10、10、5、1

50、10、5、3、2、1

第一組排列是上校的得分（因為其他兩組不可能出現兩槍得到 22 環的組合）；第三組排列是少校的（我們知道他第一槍打了 3 環，所以組合中必須出現 3 環）。因此 50 環是少校的，是少校射中了靶心。

2. 手槍交易

答案：首先兩人賣牛所得的錢數一定是個平方數。另外，購買的綿羊總數一定是奇數（因為分到最後只剩 1 只）。由於綿羊是 10 美元 1 頭，所以那個平方數的十位數也一定是奇數。而如果這樣的話，平方數的個位就只能是「6」。

例如 256 就是這樣一個數：相當於賣了 16 頭牛，每頭牛 16 美分；又買了 25 頭 10 美元的綿羊和 1 頭 6 美元的山羊。由於平方數的末位數只能是 6，也就意味著山羊的單價只能是 6 美元，不管之前買了多少綿羊。比爾最後為了平衡雙方的利益，讓給丹一頭山羊，再加送一把手槍來換取一頭綿羊。由於送手槍的同時自己也損失了一把槍的錢，所以槍的價值應等於山羊和綿羊價錢之差的一半——2 美元。

3. 缺了什麼

答案：C。3 號六邊形是 1 號與 2 號六邊形疊合後的產物，5 號六邊形是 1 號與 4 號六邊形疊合的產物。由此可見，如果將這組六邊形環分成左右兩條鏈，3 號與 5 號裡的

圖案分別由他們各自所在鏈的下邊兩幅圖自下而上融合而成。根據這條規律，最頂上的六邊形作為兩條鏈的匯集點，其裡邊的圖案應該是左右兩條鏈共同構成的，即3、5、6、7號六邊形共同匯集的結果，如圖10-4所示。

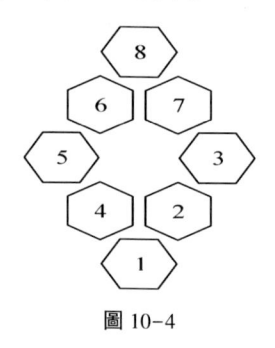

圖10-4

4. 金字塔陣

答案：E。從倒數第二層開始，每一個圖案都由位於它下一層的左右兩個圖案來確定。特定的組合產生特定圖案，圖案公式如圖10-5所示：

圖10-5

所以 ▒ + ♤ 是一個新的組合，產生的圖案也一定是全新的。在所有選項中，只有 ♣ 是新出現的，所以為正確答案。

5. 18棵樹

答案：以下2種方案都是9條直線，如圖10-6所示。

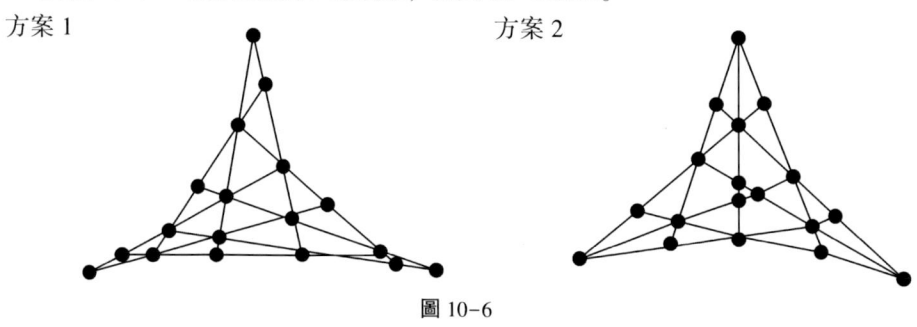

方案1　　　　　　　　　　方案2

圖10-6

6. 萬花筒

答案：D。按照以下指針變動規律，問號處變動趨勢為D，如圖10-7所示。

图 10-7

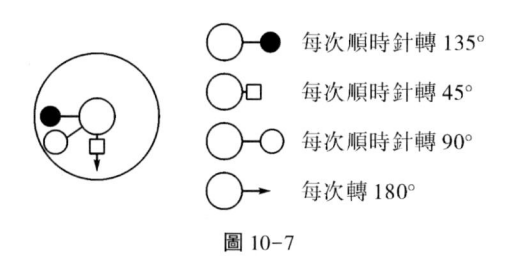

7. 外星人的手指

答案：17 位有著 17 個手指的外星人。

讓我們先假設房間裡有 240 根手指，則可能有 20 個外星人，每人 12 根手指；或者有 12 個外星人，每人 20 根手指。但這不是唯一的答案，所以應去除所有能被分解為不同的因數的數字（即除質數和完全平方數以外的所有數）。

現在考慮質數：可能會有 1 個外星人，每人 229 個手指（但根據題干第一句話，不可能）；可能是 229 個外星人，每人有 1 個手指（但根據題干第二句話，不可能）。這樣，又去除了所有質數，就只剩下平方數了。

200~300 內符合條件的只有一個平方數，就是 289，所以在房間裡共有 17 位有著 17 個手指的外星人。

8. 酒桶鑒酒師

答案：40 升的桶裡裝著啤酒。

（1）第一個顧客買走了一桶 30 升和一桶 36 升的葡萄酒，一共是 66 升。

（2）第二個顧客就要買走 132 升葡萄酒——分別裝在 32 升、38 升和 62 升的酒桶裡。

（3）這樣，就只剩下 40 升的那桶酒無人問津。因此，它肯定裝著啤酒。

9. 三方塊組

答案：B。

構成該體系組合的小方塊數共有 4 種（如圖 10-8 所示），分別是 A、B、C、D。因為原體系中 3 個組合的小方塊類別分別是 ABC、ABD 和 BCD，所以缺少的那個組合的小方塊類別應該是 ACD。

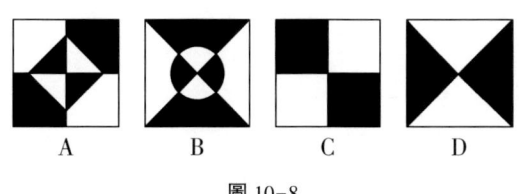

图 10-8

10. 跳舞的圓圈

答案：D。

小圓圈的舞步是先右移動兩格進入下一幅圖，再左移一格進入第三幅圖，之後的變化以此類推；類似，中圓圈的舞步是先左移一格，再右移兩格；大圓圈是先右移一

格，再左移兩格。

第三章遊戲實戰答案

1. 金字塔的線索

答案：D。

從倒數第二層開始，每一個圓都是位於它下一層的左右兩圓的重合部分。

2. 長筒襪

答案：至少拿37只。因為最糟糕的可能是在拿出了所有的21雙藍色襪子與14雙條紋襪子後，才拿到2雙黑色的長筒襪。

3. 買吃的

答案：(1) 22；(2) 19；(3) 16；(4) 105；(5) 36；(6) 14。具體如圖10-9所示。

設 A=糖果，B=炸土豆條，C=汽水

$$\begin{cases} A-B=2 \\ B+D+C=37 \\ D-A=2 \\ F+G+D+C=60 \\ C=9 \\ B=12 \\ A-G=1 \\ E-D=3 \end{cases}$$

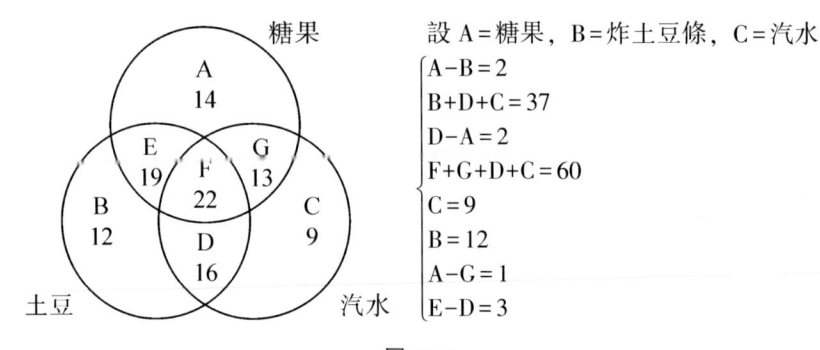

圖 10-9

4. 時鐘在變化

答案：(1) 97。把鐘表的指針所指數字（不是時間）作為一個總數表達，時針所指數字在前，分針所指數字在後。113-16=97。其他兩個為：51+123=174，911+82=993。

(2) 36。把鐘表的指針所指數字（不是時間）表達為分針、時針，然後再計算。

(2-11)×(8-12)=(-9)×(-4)=36。

其他兩個為：(12-3)×(7-5)=9×2=18；

(6-2)×(8-1)=4×7=28。

(3) 216。把鐘表的指針所指數字（不是時間）加在一起，然後再計算。

(3+9)×(12+6)=12×18=216。

其他兩個：(12+6)+(6+3)=18+9=27；

(12+9)-(9+6)=21-15=6。

5. 圓圈串

答案：

第1組？=29　黑色=7　白色=3　灰色=9

第 2 組？ = 25　　黑色 = 4　　白色 = 5　　灰色 = 6
第 3 組？ = 25　　黑色 = 5　　白色 = 2　　灰色 = 8
第 4 組？ = 45　　黑色 = 3　　白色 = 8　　灰色 = 13
設黑球 = A，白球 = B，灰球 = C，如圖 10-10 所示。

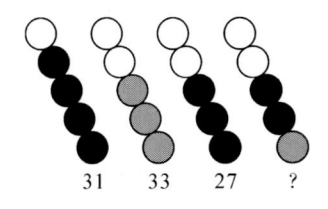

$$\begin{cases} 4A+B=31 \\ 2B+3C=33 \\ 2B+3A=27 \end{cases} \Rightarrow \begin{cases} A=7 \\ B=3 \\ C=9 \end{cases}$$

圖 10-10

同理可得其他幾個圓圈串。

6. 按鍵上的數字

答案：（1）328。沿著每行，把第一個數字的前兩位相乘，得到第二個數字的前兩位。把第一個數字的後兩位相乘，得到第二個數字的後兩位。因為 4×8 = 32，2×4 = 8，所以是 328。

（2）4,752。沿著每行，每個數字的前兩位與後兩位相乘，得到下一個數字。54×88 = 4,752。

（3）184。在每行中，第一個數字的外圍兩位相乘，得到第二個數字的外圍兩位。第一個數字的中間兩位相乘得到第二個數字的中間兩位。因為 7×2 = 14，4×2 = 8，所以是 184。

7. 奇形怪狀的圖形變換

答案：（1）B。每個部分逆時針旋轉 90 度。

（2）B。逆時針旋轉 45 度，圓球一起往三角形方向移動。

（3）D。字母在字母表中的位置數乘以線條數。

（4）A。字母在字母表中的位置數翻轉。

（5）B。每個形狀順時針旋轉，1 條線 45 度，兩條線 90 度。

8. 摸彩球

答案：這是一道只需要運用邏輯推理就能解決的概率問題。

概率為 1/5，將兩種球按照 1、2 編號以示區別。摸出兩球的所有可能組合共有 6 種，如下所示：

（1）紅球 1 號，紅球 2 號；

（2）紅球 1 號，白球；

（3）紅球 1 號，黑球；

（4）紅球 2 號，白球；

（5）紅球 2 號，黑球；

（6）黑球，白球。

由於那人已經說明有 1 球為紅球，所以在排除第 6 種可能的情況下，兩個都是紅球的概率就是 1/5。

9. 船夫的問題

答案：需要擺渡 9 次。把 5 個孩子按照年齡升序排列分別標為 A、B、C、D、E，把河的兩邊分別標為「此岸」和「彼岸」，從而創造出表 10-1：

表 10-1

旅行次數	此岸	船上的孩子	彼岸
1	A C E	B D	無人
2	A C E	B	D
3	B E	A C	D
4	B E	A D	C
5	B D	A E	C
6	B D	C E	A
7	B D	C E	A
8	B D	無人	A C E
9	無人	B D	A C E

10. 滿滿的一桶葡萄酒

答案：他用淡水清洗了一些小鵝卵石和沙子，把它們洗淨曬干之後裝入瓶了。然後他把瓶頸放進桶頂端的洞中，將鵝卵石和沙子倒進酒桶中，而相同量的葡萄酒便進入瓶子中。

第四章游戲實戰答案

1. 雙胞胎引起的混亂

答案：具體土地分配如圖 10-11 所示。

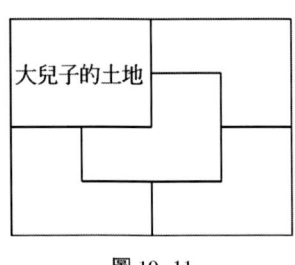

圖 10-11

2. 長筒襪

答案：按 1—5—6—2 打開箱子。

字母所代表數值：A 代表 4，B 代表 2，C 代表 5，D 代表 3，E 代表 8，F 代表 1，G 代表 6，H 代表 7，I 代表 9。

3. 水的移動

答案：如圖 10-12 所示，用大頭釘將火柴釘到軟木塞上。把火柴割著，將軟木塞

放在水上，使它漂浮在水上而不弄濕火柴。然後把口杯罩在軟木塞和被點燃的火柴上面。火柴把口杯中的氧氣消耗完後，水將會被吸入口杯中。

圖 10-12

4. 火柴棍邏輯思維游戲

答案：方法一如圖 10-13 所示。

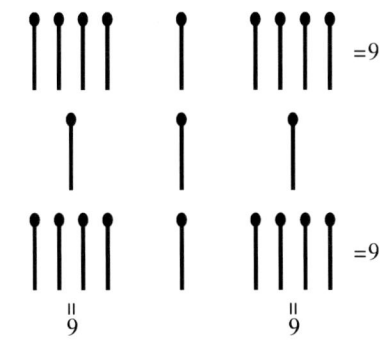

圖 10-13

方法二如圖 10-14 所示。

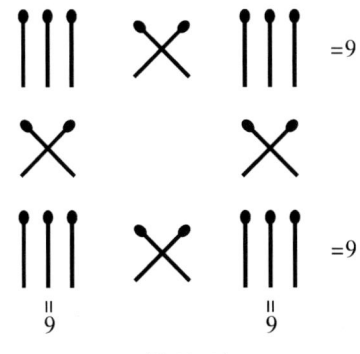

圖 10-14

5. 牙簽的變動

答案：牙簽的變動如圖 10-15 所示。

圖 10-15

6. 清倉大甩賣

答案：40、100、120。

因為 40×40+100×100+120×120＝260 美分

7. 數字方塊

答案：都填 4。A+B=D，A-B=C，D-C=E。

8. 胡椒粉與味精

答案：小男孩找來了一塊乾淨的毛料布，又拿來了一個塑料制的小勺子，用毛料來回摩擦這個小勺子，然後再用小勺子去接近混在一起的胡椒粉和味精。當小勺子接近的時候，就看到胡椒粉立即粘到了小勺子上，所以，不一會兒小男孩就把胡椒粉和味精分開了。

9. 自動旋轉的奧秘

答案：讓 1 個裝滿水的紙盒自己轉動，聽起來似乎不可思議，然而這卻是可能實現的。首先準備好輔助材料：空的牛奶紙盒、釘子、60 厘米長的繩子、水槽、水盤子，然後按照這樣的步驟操作：

（1）用釘子在空牛奶盒上扎 5 個孔；

（2）1 個孔在紙盒頂部的中間，另外 4 個孔在紙盒 4 側面的左下角；

（3）將 1 根大約 60 厘米長的繩子系在頂部的孔上；

（4）將紙盒放在盤子上，打開紙盒口，快速地將紙盒灌滿水；

（5）用手提起紙盒頂部的繩子，紙盒順時針旋轉。

明白了吧，其實紙盒自動旋轉是因為水流產生了大小相等而方向相反的力，紙盒的 4 個角均收到了這個推力。由於這個力作用在每個側面的左下角，所以紙盒按順時針方向旋轉。

10. 如何分蘋果

答案：這道思維訓練題是靈活轉移自己的注意力。注意是在認識活動中，把自己的注意力集中在一定的認知對象上，並且對它有所選擇地進行記憶。注意力的特點是：（1）有強弱之分；（2）注意力有選擇的功能；（3）注意力可靈活分配。

這道題的迷惑就在於，當我們看到「每個盒子裡的數字必須有一個『3』」的時候，頭腦中想到的就是 3、13、23。這樣，我們很容易記這些數字的個位數。但是當我們在保證個位數有「3」的各種分配都不能滿足要求時，就應該注意 12 個「3」相加的結果，其中個位數為「6」，而不是「0」。這時候就必須要適時地轉移注意力，開始考慮十位數。既然十位數可以是「3」，個位數可以是任何數，那麼就可以這樣來理解：先

150

在 11 個盒子裡各放 3 個蘋果，總共 33 個；然後把剩下的 67 個蘋果再拿出 37 個來放在第 12 個盒子裡，這樣剩下的 30 個蘋果就很容易分配了。

所以，這道題的答案是在第 1、2、3 個盒子中分別放 13 個蘋果，第 4 至第 11 個盒子中各放 3 個蘋果，在第 12 個盒子中放剩下的 37 個蘋果。

第五章游戲實戰答案

1. 1 元錢去哪裡了

答案：文具店老板將賀卡混在一起出售時，已不知不覺地改變了售價。瞭解這點之後，問題就很容易解決了。

老板在賣前 60 張的時候，第一種賀卡每張賣 1/2 元，第二種賀卡每張賣 1/3 元，可是當兩種賀卡混在一起賣的時候，每 5 張售價 2 元，這時每張賀卡賣 2/5 元。也就是說，第一種賀卡沒有按原先的打算，每張賣 1/2 元，而是以 2/5 元的價格賣出去。

由 1/2−2/5＝1/10，我們可以清楚地看出在每張賀卡損失 1/10 元的情況下，第一種賀卡賣完 30 張後一共損失了 3 元。

第二種賀卡的情況則剛好情況相反。當它和第一種賀卡混合出售時，每賣出 1 張就多賺了 1/15 元，即 2/5−1/3＝1/15。

30 張賀卡賣出總共多賺了 2 元。

這樣，第一種賀卡損失了 3 元，第二種賀卡多賺了 2 元，合起來就是虧損了 1 元。

若是做買賣，當然得衡量輕重，一切以利益為重，這就是思維方式的技巧。

2. 內川先生的存款單

答案：內川先生的最初存款，不可能等於每次取款後餘額的總和。右欄的總和非常接近 1 萬元，這只是一種巧合。

看看下邊兩個例子中不同取款額，就很容易看清這一點。

取款額	存款餘額
9,900	100
100	0
＝10,000 元	＝100 元

取款額	存款餘額
100	9,900
100	9,800
100	9,700
9,700	0
＝10,000 元	＝29,400 元

你可以看出，左欄的總和都是 10,000 元，而右欄的總和可以很大，也可以很小。

3. 分桃子

答案：後取的人會取勝。主要有以下 3 種情況：

(1) 當先取的人第一次取 1 個桃子的時候。

後取的人可以跟著也取 1 個，然後先取的人再取 1 個，後取的人可以取 4 個，剩下 2 個，後取的人勝利；當先取的人再取 3 個的時候，剩下 4 個，後取的人勝利；當先取的人再取 4 個的時候，剩下 3 個，後取的人勝利。

後取的人也可以選擇取 3 個，剩下 5 個，先取的人再取下 1 個，剩下 4 個，後取的人勝利；先取的人再取 3 個，剩下 2 個，後取的人勝利；先取的人再取 4 個，剩下 1 個，後取的人勝利。

(2) 當先取的人第一次取 3 個時。

後取的人可以選擇取 1 個，剩下 5 個同上，後取的人勝利；後取的人也可以選擇取 4 個，剩下 2 個，後取的人勝利。

(3) 當先取的人第一次取 4 個時，後取的人可以選擇取 3 個，剩下 2 個，後取的人勝利。

總之，無論先取的人第一次取幾個桃子，後取的人都可以取到最後一個桃子，都會多分得對方的一個桃子。

4. 上級與下級

答案：解決這道題的關鍵在於，調整認知思路，利用線索法尋找恰當的中心點。

如果跟著敘述者的「自我中心」走，思維線索將會很混亂。解決這樣的問題，實際上是如何處理中心的問題。如將中心放在「我」身上，經勉強整理線索，可得圖 10-16 中的圖 a、圖 b，但是這樣的關係網絡仍然顯得很混亂。

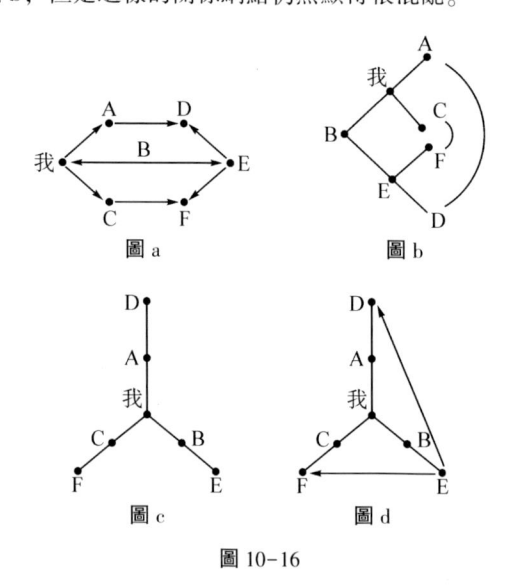

圖 10-16

因此，根據問題的要求，應該及時地改變視線，按照敘述者的每句話，尋找新的、恰當的、合理的、清晰的中心點，以便重新清理問題線索。

這樣，我們就可以得到圖 c、圖 d 的關係網絡圖。

經過改變中心視點的重新整理，表現在關係網絡上的各種問題線索就井然有序了。其依次關係是：B 是最高領導，B 直接給「我」和 E 布置工作；「我」直接給 A、C 布置工作，E 直接給 D、F 布置工作。這樣，原來的那種由於視點中心被定錯而形成的混亂的描述，一旦重新確定視點中心的方向，就變得具體、清晰了。

5. 現在的時間

答案：A 報的時間是 12 點 54 分，其誤差是 2 分鐘、3 分鐘、4 分鐘或 5 分鐘。

A 的誤差不可能是 2 分鐘，因為如果這樣的話，C 的誤差至少是 7 分鐘；A 的誤差也不可能是 3 分鐘，因為如果這樣的話，C 的誤差就至少是 6 分鐘；所以 A 的誤差是 4 分鐘或 5 分鐘，而且這種誤差只能是比標準時間慢，否則其餘每個人的誤差都不會少於 7 分鐘。

假設 A 的誤差是 4 分鐘，準確時間是 12 點 58 分。由此可知，C 的誤差是 5 分鐘，其餘兩人的誤差分別是 1 分鐘和 4 分鐘，這樣沒有人的誤差是 2 分鐘和 3 分鐘，這和題目中的條件相悖。

這樣，只剩下一種可能性，即 A 的誤差是 5 分鐘，準確時間是 12 點 59 分，B、C 和 D 的誤差分別是 2 分鐘、4 分鐘和 3 分鐘。

6. 逃獄的囚犯

答案：雖然在實際生活中，將某物用人力慢慢吊下，是十分自然的經驗，但是在本題的思維訓練中，首先想到這一點，從而為下一步開闢思路，需要靈活的思維。逃跑的步驟如下：

	塔樓上	塔樓下
① 先用人力把鐵球慢慢放下	A、B、C	鐵球
② C 下，鐵球上	A、B、鐵球	C
③ B 下，C 上	A、C、鐵球	B
④ 鐵球下	A、C	B、鐵球
⑤ A 下，B 和鐵球上	B、C、鐵球	A
⑥ 鐵球下	B、C	A、鐵球
⑦ C 下，鐵球上	B、鐵球	A、C
⑧ B 下，C 上	C、鐵球	A、B
⑨ 鐵球下	C	A、B、鐵球
⑩ C 下，鐵球上	鐵球	A、B、C
⑪ 鐵球自然落下	鐵球	

7. 新龜兔賽跑

答案：我們根據他們行駛的速度可首先判斷他們各自所用的時間。

烏龜跑了 4.2/3×60＝84 分鐘；

兔子跑了 4.2/20×60＝12.6 分鐘；

兔子在跑完全程所用的時間為 1＋15＋2＋15＋3＋15＋4＋15＋2.6＝72.6 分鐘；

所以兔子先到終點，並且快於烏龜 84－72.6＝11.4 分鐘。

8. 環球飛行需要幾架飛機

答案：需要 10 架飛機。

假設繞地球一圈，每架飛機的油只能飛 1/4 的路程。與主機（也就是要飛地球一圈的飛機，其他加油飛機稱「輔機」）飛行方向相同的輔機已將自己一半的油給了主機，那輔機就只能飛 1/8 個來回。

通過推理得知，以 4 架輔機供 1 架主機飛 1/4 路程的方法進行，那麼主機自己飛行 1/4 到 3/4 的那段路程，0 至 1/4 和 3/4 至 4/4 的路程由輔機加油供給，就是給 1/2 的油，主機就能飛 1/4 的路程了，所以跟隨和迎接兩個方面分別需要輔機在 1/4 處分給主機一半的油，輔機在 1/4 處分完油飛回需要 4 架輔機的供油，綜上所述得（1+4）×2＝10 架。

9. 村裡養了幾條病狗

答案：有 3 條病狗。

根據題干的幾個關鍵條件：

①村民只能檢查別家的狗，不能檢查自家的狗；

②發現病狗不能聲張；

③只能槍斃自家狗，不能槍斃別家的狗。

這樣條件限制以後，我們假設如下：

（1）假如只有 1 條病狗，那家的主人既不能檢查自己家的狗，出去檢查時也沒有發現別的病狗，他就會知道自己家的是病狗，那麼第一天就應該有槍聲。

（2）假如只有 2 條狗，屬於甲家和乙家。第一天，甲和乙相互發現對方家的狗是病狗（即：甲、乙各發現 1 條病狗），但由於第一天沒有聽到槍響。到了第二天他們就會意識到自己家的狗也是病狗。接著第二天就應該有槍響，但事實上也沒有，所以 2 條病狗也不對。

（3）假設有 3 條病狗，屬於甲、乙、丙家。第一天，甲、乙、丙各發現 2 條病狗，他們會覺得第二天晚上就有槍響，但是第二天晚上沒有槍響，第三天晚上他們就會意識到自己家的狗也有病，所以開槍殺狗。因此通過以上假設，我們可知這個村裡有 3 條病狗。

10. 糖果的數量

答案：第一步：160－120＝40，橘子的 1/3、香蕉的 1/4、奶油的 1/5 共 40 顆。160－116＝44，橘子的 1/5、香蕉的 1/4、奶油的 1/3，共 44 顆，44－40＝4。所以奶油的 1/3 和 1/5 與橘子的 1/3 和 1/5 的差是 4 顆，4/（1/3+1/5）＝30，則奶油與橘子的差是 30 顆。

第二步：橘子的 2/3、香蕉的 3/4、奶油的 4/5，共有 120 顆。橘子的 4/5、香蕉的 3/4、奶油的 2/3，共 116 顆。橘子的 2/3+4/5、香蕉的 3/4+3/4、奶油的 2/3+4/5，共 120+116 顆。奶油與橘子的和是 120 顆。

第三步：（120+30）/2＝75 奶油，（120－30）/2＝45 橘子，160－120＝40 香蕉。

第六章游戲實戰答案

1. 海盜分贓物

答案：讓我們倒過來，分別從 D、C、B、A 的角度來推測。

從 D 的角度考慮，假如 A、B 和 C 這 3 個人都喂了鯊魚，只剩下 D、E 兩人的話，E 百分之百會投反對票，把自己也喂了鯊魚，然後獨吞 100 枚金幣。因此，D 必須全力支持 C 的方案才能保住自己的性命。

精明的 C 肯定清楚 D 以上的想法，則輪到 C 分配時，他一定會分給自己、D 和 E 的金幣為：100 枚、0 枚、0 枚，因為 C 知道 D 若想活命，必須無條件地支持自己，哪怕一無所有。

而假若 B 清楚了 C 的陰謀，則會按 98 枚、0 枚、1 枚、1 枚來分配。給 D 和 E 各 1 枚金幣是為了籠絡他們給自己投贊成票，至於 C、B 根本無法拉攏，因此 1 枚金幣也不給他。

而作為第一個分配金幣的人，A 對 B 的打算應該也很清楚。因此，A 需要大力拉攏 C、D、E 3 個人，然後可以無視 B，他的分配方案應該是：97 枚、0 枚、1 枚、1 枚、1 枚。

2. 樓梯臺階數

答案：根據前 5 個條件可知，這條樓梯的臺階數只要再加 1，就是 2、3、4、5、6 這 5 個數的公倍數。由於這 5 個數的最小公倍數是 60，所以 60-1＝59 能滿足前面 5 個條件的最小自然數。但是 59 不能被 7 整除。因此，只要在 59 上連續加上 60，直到能被 7 整除為止，這個數就是所求樓梯的階數。

59+60＝119，119 能被 7 整除，即這條樓梯共有 119 階。

3. 相乘的結果

答案：（1）在第一層，將布袋 7 和 2 交換，這樣就得到單個布袋數字 2 和兩位數字 78，這兩個數相乘的結果為 156。

（2）接著把第三行的單個布袋 5 與中間那行的布袋 9 交換，這樣，中間那行數字就是 156。

（3）然後將布袋 9 與第三行兩位數中的布袋 4 交換，這樣，布袋 4 移到右邊成為單個布袋，這時，第三行的數字為 39 和 4。相乘的結果為 156。

總共移動了 3 步就把這個題完成了，如圖 10-17 所示。

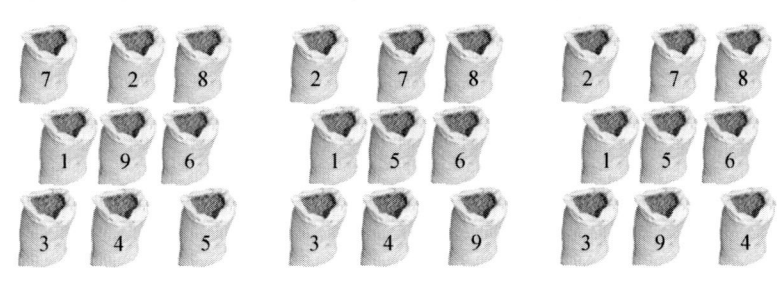

圖 10-17

4. 電視機的價格

答案：（1）按規定，尼克的 1 年報酬為 600 元和 1 臺電視機。所以每月應得 50 美元和 1/12 臺電視機。

（2）他工作了 7 個月，應得到 350 美元和 7/12 臺電視機，即 7×（50+1/12）。

（3）設電視機為 X 元，7×(50+X/12)= 150+X，即 350-150=5X/12，則 X=480 美元。

5. 俱樂部難題

答案：2 人。

假設所有 49 名（189-140＝49 名）女性成員都戴眼鏡，則戴眼鏡的男性成員就有 21 人（70 人-49 人＝21 人）。再假設這 21 名戴眼鏡的男性人群中有 11 人年齡小於 20，這樣就只剩 10 名年齡大於 20 歲且戴眼鏡的男性成員了。在最後再減去 8 個入俱樂部不到 3 年的名額（18-8＝2 人），就得出了符合條件的最小人數為 2 人。

6. 路程

答案：設 X 為路程的長，Y 為去時所花的時間，Z 為返回所花的時間，則由已知可得：X/Y＝5，X/Z＝3，而 Y+Z＝7。由這些議程可求出往返路程等於 26.25 英里。

求出 X＝13.125，注意題干中要求的是往返路程，而不是單面的路程，所以總路程應該是 13.125×2＝26.25。

7. 分工資

答案：兩次弄斷就應該分成 3 份，可以把金條分成 1/7、2/7 和 4/7 這 3 份。

（1）第一天給他 1/7；

（2）第二天給他 2/7，讓他找回 1/7；

（3）第三天再給他 1/7，加上原先的 2/7 就是 3/7；

（4）第四天給他 4/7 那塊，讓他找回那兩塊 1/7 和 2/7 的金條；

（5）第五天再給他 1/7；

（6）第六天和第二天一樣；

（7）第七天給他找回的那個 1/7。

8. 數字磚塊的規律

答案：問號處的數字為 4,752。在每一行數字中，每個數的前兩個數字與後兩個數字之積，等於後面的數，由此可知，54×88＝4,752。

9. 倒油

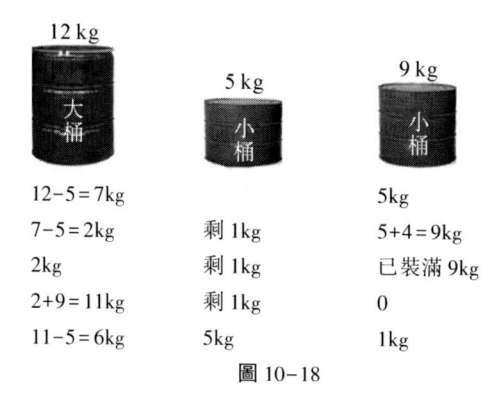

大桶 12 kg	小桶 5 kg	小桶 9 kg
12-5＝7kg		5kg
7-5＝2kg	剩 1kg	5+4＝9kg
2kg	剩 1kg	已裝滿 9kg
2+9＝11kg	剩 1kg	0
11-5＝6kg	5kg	1kg

圖 10-18

如圖 10-18 所示，步驟如下。

第 1 步：從大桶中倒出 5kg 油到 5kg 小桶中，然後再將其倒入 9kg 小桶中。

第 2 步：再從大桶中倒出 5kg 油到 5kg 小桶中，然後把 5kg 小桶中的油將 9kg 小桶灌滿。

第 3 步：大桶剩 2kg 油，9kg 小桶已裝滿，5kg 小桶中剩餘 1kg。

第 4 步：再將 9kg 小桶裡的油全部倒回大桶中，大桶裡有 11kg 油。

第 5 步：把 5kg 小桶中的 1kg 油倒進 9kg 小桶中，再從大桶中倒出 5kg 油，現在大桶裡有 6kg，另外 6kg 油也被分別換成了 1kg 和 5kg 兩份。

10. 緊急偵破任務

答案：根據條件 1，可以假設 3 種方案，逐一推算。方案 a，A 去 B 不去；方案 b，B 去 A 不去；方案 c，A、B 都去。

可以假設 6 種條件（如表 10-2 所示）：

（1）A、B 兩人中至少去一人；

（2）A、D 不能一起去；

（3）A、E、F 三人中要派兩人去；

（4）B、C 兩人都去或都不去

（5）C、D 兩人中去一人；

（6）若 D 不去，則 E 也不去。

表 10-2

方案 a	方案 b	方案 c
A 去，B 不去	B 去，A 不去	A、B 都去
D 不去	D 去	A 去
矛盾（最後判斷）	E、F 都去	A 去、(F 去)
B、C 都不去	B、C 都去	B、C 去
與 2、4 矛盾	C、D 都去，2、4 矛盾	C 去
E 不去	矛盾	D、E 不去

方案 a 由條件 2、4 知，C、D 不能去，但條件 5 要求 C、D 兩人中去一人，故矛盾。

根據條件 4、5、6 和 D、E 不去，這樣矛盾，故不成立。

故由上述可得：ABCF 去。

第七章 游戲實戰答案

1. 尋找合適的部分

具體做法如圖 10-19 所示。

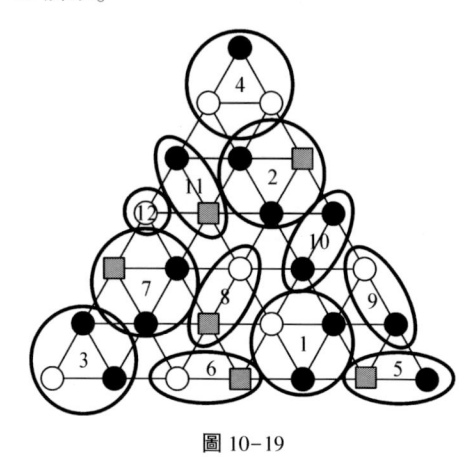

圖 10-19

2. 更多的火柴游戲

（1）從任意一個角上移動任意兩根火柴，並如圖 10-20 所示放置。記住，4 個小正方形會組成 1 個大正方形。

（2）把剛才剩下的那根火柴移動至如圖 10-21 所示的位置。

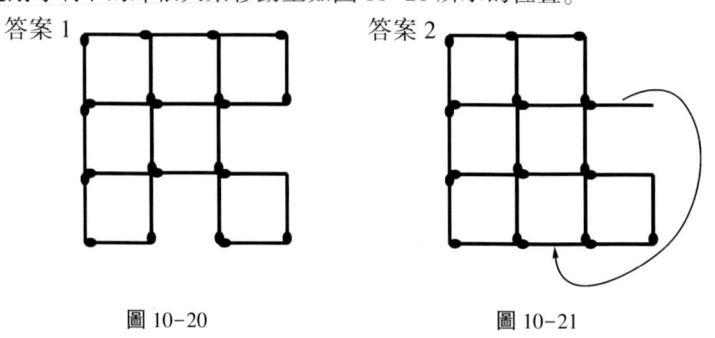

答案 1

答案 2

圖 10-20　　　　　　圖 10-21

3. 獨特的鐘表

答案：1,560。

將時間看成數字相加，200+730＝930，245+445＝690，915+645＝1,560。

4. 有趣的木桶

答案：容量為 40 加侖的桶裡裝的是啤酒。第一位顧客買了 30 加侖和 36 加侖兩桶，共 66 加侖葡萄酒。第二位顧客買了 132 加侖葡萄酒，分別是 32 加侖、38 加侖和 62 加侖 3 桶。容量為 40 加侖的桶沒有被買走，因此它裡邊裝的是啤酒。

5. 三個正方形

答案：D。這 3 個正方形組成了 4 個三角形，如圖 10-22 所示。

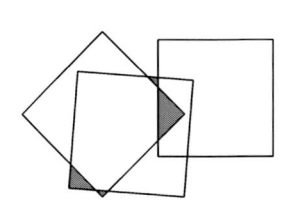

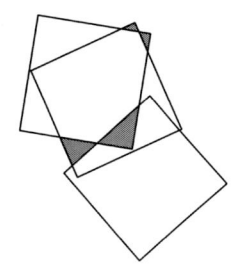

圖 10-22

6. 學習安排

答案：安妮學習代數、歷史、法語和日語；貝斯學習物理、英語、法語和日語；康迪思學習代數、物理、英語和歷史。

7. 變速箱

答案：指針順時針旋轉 26 圈加 240 度，如圖 10-23 所示。

圖 10-23

8. 尋找路線

答案：

（1）35—34—34—34—35—34—10

（2）35—32—29—28—37—33—10

35—30—29—35—32—33—10

（3）219。

35—34—34—35—37—34—10

（4）202

38—30—29—28—37—33—10

（5）4 條線路：

35—32—29—35—37—33—10

35—30—34—35—32—35—10

35—33—32—34—32—35—10

35—33—32—32—35—34—10

9. 看演出

| D | B | C | A | C | D | A | B |

A＝安德魯斯

B＝巴克

C＝柯林斯

D＝鄧羅普

▓ ＝先生　　□ ＝夫人

10. 圍著花園轉圈

答案：49米，如圖10-24所示。A＝9米，B＝8米，C＝8米，D＝6米，E＝6米，F＝4米，G＝4米，H＝2米，I＝2米。

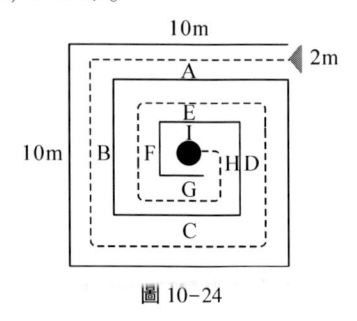

圖 10-24

第八章 游戲實戰答案

1. 具有邏輯創新的鐘表

答案：A。

在每一個階段，大的指針按照逆時針的方向旋轉，第一次是10分鐘，第二次是20分鐘，最後一次是30分鐘。在每一個階段，小的指針按照順時針的方向旋轉，第一次是1個小時，第二次是2個小時，最後一次是3個小時。

2. 城市網絡

答案：252。

每個數字代表到達十字路口可能存在的路線總和，如圖10-25所示。

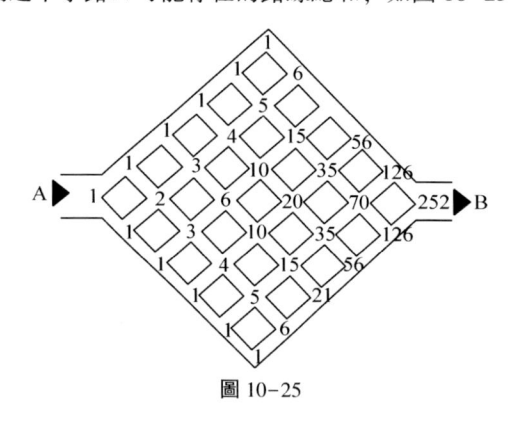

圖 10-25

3. 圖形變動

答案：選項 4 屬於 J，選項 6 屬於 N。橙色的格子按照由右到左的順序向下移動，然後以同樣的順序向上移動。但是當前面出現過的排列順序再次出現時，它將從這一圖形序列中被排除掉。

4. 迷宮的奧秘

答案：所找出的合適路線如圖 10-26 所示。

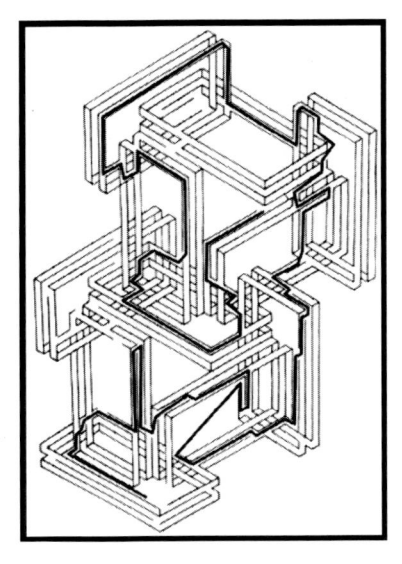

圖 10-26

5. 序列的解決方案

答案：D。

根據其字母表中的位置用相應的數字表示，再乘以下邊橫線的數。

6. 密西西比賭徒

答案：如果對手選紅色的骰子，他就是選藍色的骰子。如果對手選藍色的，他就選黃色的。如果對手選黃色的，他就選紅色的。在每 9 輪中，他總會贏 5 次。

7. 方格游戲

答案：

(1) A6、C5、G6。

(2) D2。

(3) 12。

(4) 117、E5、D6、E6。

(5) 91、G1。

(6) E4。

(7) 沒有。

(8) 沒有。

161

8. 雜亂的數字

答案：60851。

上排的數字+下排的數字+右邊字母所代表的數值＝中間一排的數值

9. 數字之謎

答案：-23。

10. 方格的類型

答案：2C。

第十一章　綜合思維訓練實戰檢測答案

第一套 綜合思維訓練檢測答案

1. 帶陰影的方格

答案：C。

方格按照順時針方向每次旋轉 90 度；同樣，陰影部分也按照順時針方向每次移動 1 個格子。

2. 槍支的價錢

答案：他們賣牛得的錢一定是 1 個可以開平方的數字，而他們以每只 10 美元價格買的綿羊數也是個奇數。因此賣牛錢數的十位數也一定是個奇數。這個可以開平方的數字中的個位數是 6。256 就是一個這樣的數，它等於 16 頭公牛的價錢（每頭 16 美元），或者 25 只綿羊的價錢（每只 10 美元），再加上 1 只山羊的價錢（6 美元）。因為這個可以開平方的數字中的個位數是 6，無論他們買了多少頭綿羊（16、36、256 等），這只山羊的價錢總是 6 美元，比較給了喬丹這只山羊和柯爾特 45 型手槍，這兩樣東西的價錢等於他們得到的 1 只價值 10 美元的綿羊減去 1 把柯爾特 45 型手槍的價錢。這樣兩人得到的東西才能夠平均。因此，這把手槍的價錢是 1 只綿羊和 1 只山羊差額的一半，即 2 美元。

3. 竊聽器

答：連結電話交換機和嫌疑犯電話的電線如圖 11-1 所示。

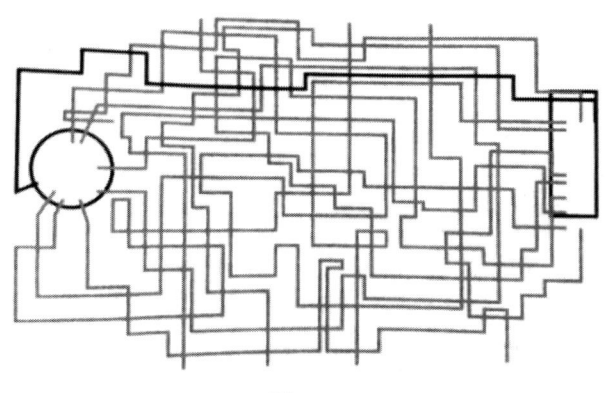

圖 11-1

創新思維案例

4. 球袋

答案：概率是 3：4。

觀察一下球的組合，分別是黑黑、黑白和白黑、白白。4 種組合中只有一種沒有出現黑球，那就是第四種。因此，至少有一個是黑球的概率是 3：4。

5. 形狀變換

答案：將格子分成 4 部分，如圖 11-2 所示。

5	7	8	15	4	7	5	6
11	6	9	8	16	12	10	10
7	12	10	12	3	11	6	8
6	7	2	5	7	3	15	10
12	15	10	8	5	12	8	7
6	7	11	13	9	6	9	6
9	8	10	6	8	3	1	2
3	6	4	10	10	10	15	15

圖 11-2

6. 圖形變換

答案：D。

7. 複雜的格子

答案：48。

A×B－C×D＝EF

8. 六邊形金字塔

答案：E。

每個六邊形中包含的內容是由下面兩個相鄰的六邊形決定的，如果兩根線條重合，就將其去掉。

9. 具有邏輯性的圓

答案：D。

大白圓旋轉 180 度，小白圓旋轉 180 度，黑圓旋轉 90 度，黑圓點旋轉 180 度。

10. 尋找同一序列

答案：D。

每個指針順時針旋轉，如圖 11-3 所示。

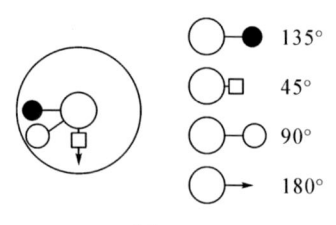

圖 11-3

第二套 綜合思維訓練檢測答案

1. 學生的故事

答案：A＝工藝，B＝自然科學，C＝人文科學，具體如圖 11-4 所示。

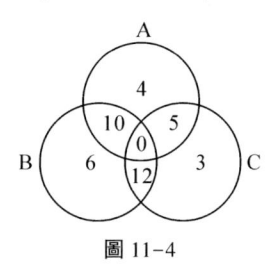

図 11-4

(1) 12。
(2) 12。
(3) 27。
(4) 13。
(5) 20。
(6) 4。

2. 細胞的結構

答案：路線如圖 11-5 所示。

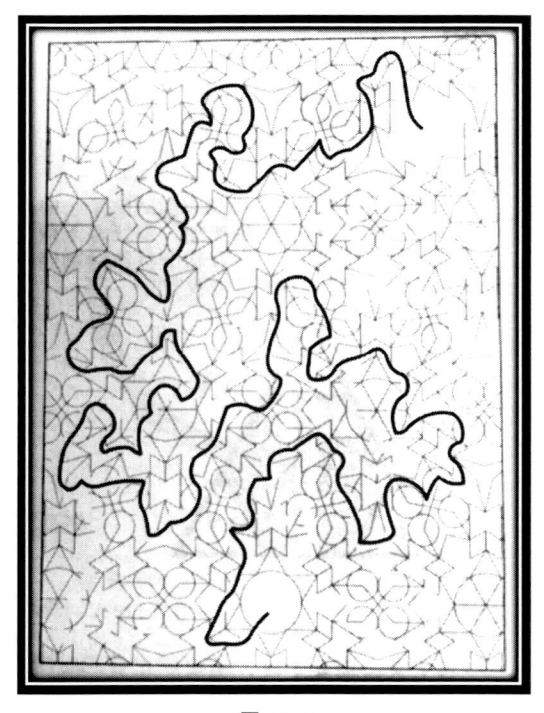

図 11-5

3. 尋找合適的圖形

答案：B。

4 種不同的圖案，分別有 ABC、ABD、BCD 和 ACD（選項 B）4 種組合。圖 11-6 中的序列分別由這 4 種不同的圖案按照一定的順序組成的，單單缺少了 ACD 這種組合。

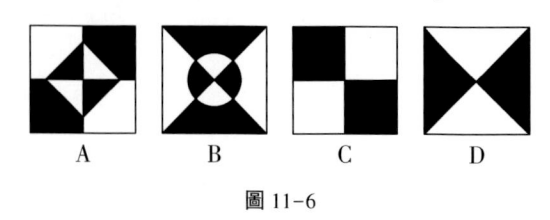

A　　B　　C　　D

圖 11-6

4. 圖形的樂趣

答案：D。

小圓向前移動兩格，然後向後退一格。中圓向後退一格，然後前進兩格。大圓前進一格，然後後退兩格。

5. 變化的火車

答案：25 分鐘。

當丈夫去接妻子時，是按照正常的時間離開家，那肯定是早於下午 6:30。由於所有的路程節省了 10 分鐘，所以從丈夫接到妻子的地方到火車站和再回到原地所花費的時間是相等的。假設單程花費了 5 分鐘，他接到妻子的時間要比正常情況下早 5 分鐘，也就是說在下午 6:20。所以妻子的步行時間是從下午 6:00 到 6:25，總共步行了 25 分鐘。

6. 盒子的問題

答案：F。

7. 快樂的學生

答案：具體內容如表 11-1 所示。

表 11-1

名字	班級	課程	體育運動
愛麗絲	6	代數	壁球
貝蒂	2	生物	跑步
克拉拉	4	歷史	游泳
桃瑞絲	3	地理	網球
伊麗莎白	5	化學	籃球

8. 贏得的賭局

答案：只要有一個補償因素，這就是可能的。吉姆開始時只有 8 美元，因此如果比爾 10 局全贏，他也只能贏 8 美元，不過如果吉姆 10 局全贏的話，那數目就大多了，8 美元、12 美元、18 美元、27 美元，以此類推。但是即使比爾比吉姆多贏了兩局，他

贏的錢數也不多。在 10 局中，吉姆哪局贏，哪局輸，對最後的錢數沒有影響，具體如表 11-2 所示。

表 11-2

局	吉姆	吉姆的錢數
1	贏	12 美元
2	輸	6 美元
3	輸	3 美元
4	贏	4.50 美元
5	贏	6.75 美元
6	輸	3.38 美元
7	贏	5.07 美元
8	贏	7.60 美元
9	贏	11.40 美元
10	輸	5.70 美元＝從 8 美元中輸掉了 2.3 美元

9. 兩種色調的難題

答案：A。

兩根長條在中間處連接，而不是在頂部連接。另外，顏色深的變成顏色淺的，反之亦然。

10. 改變圖形

答案：C。

正方形變成圓形，所有的組成部分保持原地不動，只是深顏色變成淺顏色，反之亦然。

第三套 綜合思維訓練檢測答案

1. 裝飾紙牌

答案：第 1 張和第 3 張。

絕大多數人都翻第 1 張和第 4 張，但這是錯誤的。第 1 張肯定是要翻的，如果這張牌上有三角形，那就對了。如果沒有，那就不對。第 2 張牌不需要翻。如果第 4 張翻過來是黑色的，那就對了；如果是白色的，那就不對。但這樣做，對瞭解第 3 張牌的情況沒有任何幫助。需要翻動第 3 張牌，看一下它的另一面是否是黑色的。如果是黑色的，那就不對，如果是白色的，那就對了。因此，第 1 張和第 3 張是必須翻動的。

2. 有規律的系列

答案：D。

只有當周圍 4 個圓中橘紅色或白色的三角形在同一位置出現 3 次時，它就會以同

樣的位置出現在中間的圓中。

3. 圓的序列

答案：B。

頂部的圓越來越小，底部彎曲的長方形越來越大，然後重新開始。中間的圓越來越大。魚雷圖案越來越小，右邊的兩種圓交替出現。

4. 分割鑽石

答案：鑽石所分成的相同 4 部分如圖 11-7 所示。

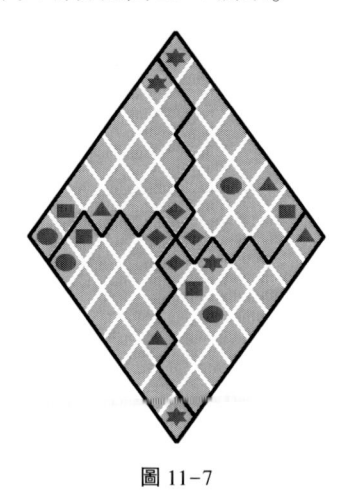

圖 11-7

5. 假鈔

答案：D。

224×$5+53×$10 = $1,650

6. 拆除爆炸裝置

答案：第三行和第一列交叉處的「1R」按鈕。

7. 有趣的序列

答案：B。

1	2
3	4
5	6
7	8

圖 11-8

如圖 11-8 所示，長方形中共有 8 種不同的圖案。在第一個長方形和第二個長方形中，圖案 1 和圖案 2 相互交換位置，然後在隨後每個長方形中繼續交換位置。在第三個長方形中，圖案 3 和圖案 4 開始交換位置。因此，在第四個長方形中，圖案 5 和圖案 6 同樣開始交換位置。一組圖案一旦開始交換位置，那它在隨後每一個長方形中就要持

續下去。

8. 等分土地

答案：具體分法如圖 11-9 所示。

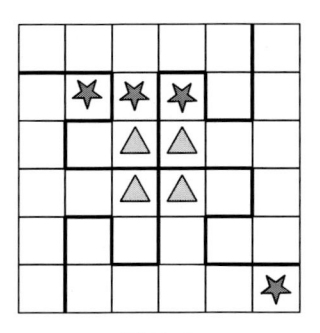

圖 11-9

9. 座位

答案：C 夫婦。所推算的圖如圖 11-10 所示。

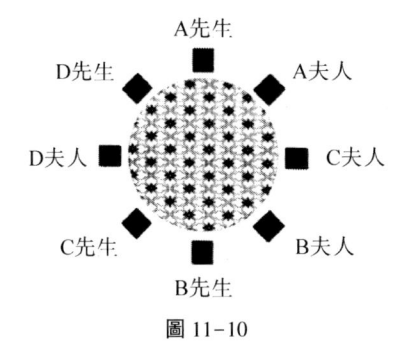

圖 11-10

10. 蜘蛛的推理

答案：36。蜘蛛的腳在網上的位置如圖 11-11 所示。

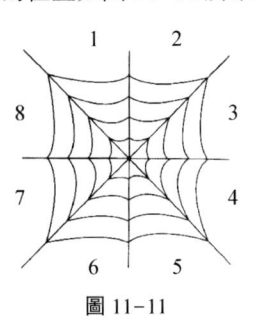

圖 11-11

第四套 綜合思維訓練檢測答案

1. 空白格子

答案：76652。

根據字母在字母表中的位置，用對應的數字代替，然後將其前面方格中的第一行數字與第二行數字相加，再減去字母組成的數字，即得第三行數字。

2. 數字方格

(1) 4 個分別是：B3、F4、C6、F6。

(2) D4 和 D5，值都是 81。

(3) E2，109。

(4) F，102。

(5) 7，85。

(6) F 列和第 6 行。

(7) C 列和第 5 行總和都為 636。

3. 變換的三角形

答案：252。

紅色三角形 = 6

白色三角形 = 3

12×21 = 252

4. 叢林任務

答案：1—4—8—12。

從 B 到 A，這些螺旋形依次增大，並且每次逆時針旋轉 90 度。

5. 缺失的數字

答案：S。

根據 26 個英文字母的位次數，用上邊的字母值與右邊的字母值之和，減去左邊的字母值與下邊的字母值之和，得數即為中間的數字或中間字母的數值，如圖 11-12 所示。

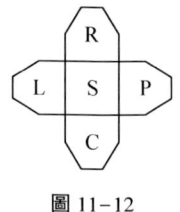

```
        ┌─┐
        │R│
      ┌─┼─┼─┐
      │L│S│P│
      └─┼─┼─┘
        │C│
        └─┘
```

圖 11-12

6. 混亂的符號

答案：從圖 11-13 的左上角開始，按照順時針方向，向內做螺旋型排列；符號的排列規律是 2 個「+」、3 個「-」、2 個「÷」、3 個「×」。

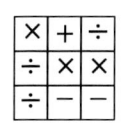

圖 11-13

7. 字母的秘密

答案：Q。

根據 26 個英文字母的順序，圖中字母的順時針排列有著這樣的規律：遺漏 1 個字母，遺漏 2 個字母，遺漏 3 個字母，遺漏 1 個字母……

8. 奇怪的關係

答案：B（946：42）。

分解左邊的數字：（百位數×十位數）+個位數=右邊的數字，即（9×4）+6=42。例題也可以這樣分解：（4×8）+2=34。

9. 類推遊戲

答案：D。

僅有曲線的字母不變，既有曲線又有直線的字母旋轉 90 度，僅有直線的字母旋轉 180 度。

10. 有趣的臉譜

答案：B。

從左上角開始，按照 4 張笑著的臉、1 張沮喪的臉、3 張嚴肅的臉、2 張有頭髮的臉的序列，垂直方向按左右交互循環排列。

第五套 綜合思維訓練檢測答案

1. 賽馬

答案：No.2。每匹馬負重的個位數減去十位數，即得出該馬的編號。

2. 完成表格

答案：如圖 11-14 所示，從左上角開始，垂直方向交互循環排列，符號的排列順序為：2 個 ♥、1 個 √、2 個 ∅、1 個 ╪、1 個 ♥、2 個 √、1 個 ∅、2 個 ╪……

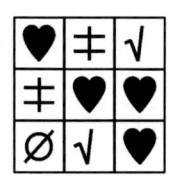

圖 11-14

3. 與眾不同

答案：C。

在其他各項圖案組合中，最大的圖形和最小的圖形是相同形狀的。

4. 缺失的數字

答案：C（34）。

每個正方形有著相同的規律，即：（左上角的數字×右下角的數字）-（左下角的數字-右上角的數字）= 中間的數字。如此可得：(9×4)-(5-3)= 34；(5×6)-(7-4)= 27；(6×7)-(9-7)= 40；(8×9)-(5-4)= 71。

5. 數字惡夢

答案：數字排列規律為：從表 11-2 左上角開始，按照 1、2、2、3、4、4、1、2、3、3、4 數字序列，水準方向按左右交互循環排列。

表 11-2

3	3	2
2	3	4
3	2	1

6. 圖案序列

答案：B。

變化規律為：正方形變成圓形，三角形變成正方形，圓形變成三角形。

7. 圖表推理

答案：如圖 11-15 所示，M-E+B+D=N。

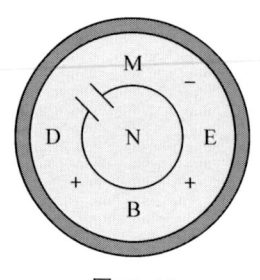

圖 11-15

8. 擺渡者的難題

答案：需要往返 9 次。

按照年齡大小的順序，把 5 個孩子設為 A、B、C、D、E，河的兩岸分別設為「近岸」和「遠岸」，從而可以按照表 11-3 的順序來渡河。

表 11-3

往返順序	在近岸的孩子	在船上的孩子	在遠岸的孩子
1	ACE	BD	沒有
2	ACE	B	D
3	BE	AC	D
4	BE	AD	C

表11-3(續)

往返順序	在近岸的孩子	在船上的孩子	在遠岸的孩子
5	BD	AE	C
6	BD	CE	A
7	BD	CE	A
8	BD	沒有	ACE
9	沒有	BD	ACE

9. 數字推理

答案：C（18）。

每行數字由左至右的規律為：（第一個數×第二個數）-第三個數＝第四個數。如此可得：7×4-10＝18；6×2-5＝7；8×3-17＝7；9×2-9＝9。

10. 符號類推

答案：A。

黑點和白點的位置互換，完整的正方形變成半個正方形，反之亦然；橢圓形變成菱形（或者是半個橢圓、菱形），反之亦然。

第六套 綜合思維訓練檢測答案

1. 符號反射

答案：A。

上圖中在外圈的四個圓中，每個位置的符號按照出現的次數，決定其是否被移動到中間的圓中：

出現一次——移動

出現兩次——有可能移動

出現三次——移動

出現四次——不移動

那麼，中間圓中的符號應該是圖11-16中的哪一項呢？

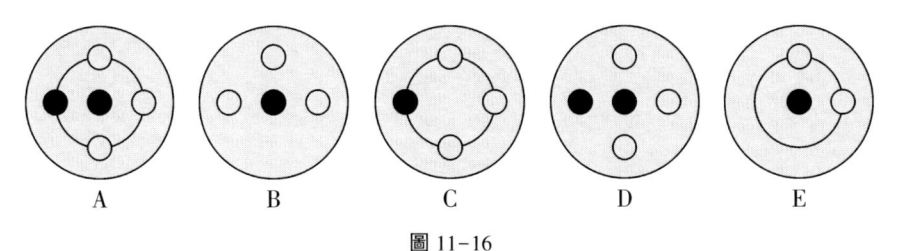

圖11-16

創新思維案例

2. 與眾不同

答案：E。

根據 26 個字母的位次數，將每項中字母的位次數相加，得數為偶數的，配三角形，得數為奇數的，配圓形。

3. 混亂的符號

答案：D。

如圖 11-17 所示，每列符號都與相間隔的一列有聯繫，且向上移動兩個位置（第一列與第三列聯繫，第二列與第四列聯繫）。

圖 11-17

4. 水果之謎

答案：57。

參照各個字母在 26 個字母表中的位次數，每種水果的數量就是其單詞中字母的位次數之和。

5. 類推難題

答案：E。

先把大圖沿著水準線翻轉，然後將各個圖的大小比例反過來。

6. 正方形之謎

答案：34。

各種顏色代表的數值為：綠色 3、紅色 4、黃色 5、紫色 7。將每行或每列正方形中的顏色數值相加，即可分別得出上邊和右邊的數值。

7. 找不同

答案：E。

把每個大三角形分成 4 個小三角形，其他各項分成的小三角形都可以包含 2 個藍色小三角形和 2 個黃色小三角形，只有 E 項不可以。

8. 找不同

答案：3：13。

A 的出發時間-A 的結束時間=B 的結束時間，B 的出發時間-B 的結束時間=C 的結束時間，以此類推。

9. 字母推理

答案：E。

根據 26 個英文字母的位次，從 A 到 B 的變化規律為：第一行字母向前移動 2 個字

母位置，第二行字母向前移動 3 個字母位置，第三行字母向前移動 4 個字母位置。

10. 符號推理

答案：所填表情如圖 11-18 所示。

圖 11-18

第七套 綜合思維訓練檢測答案

1. 與眾不同

答案：C。

其他各圖中，圖形中間都有左上側和右下側符號的放大圖。

2. 缺失的鑲板

答案：C。

在橫向的每一組 3 個圖案中，十字架總處於同一水準線的中間 3 個格子中；而藍色的圓點，總處於縱向同一條線的中間 3 個格子中。

3. 賽車迷

答案：No. 201。根據 26 個英文字母的逆向位次數（A＝26，Z＝1），將每個賽車的英文單詞中的字母次數相加，即得到他們各自的編號。

4. 混亂的盾牌

答案：B。

每組橫向或縱向盾牌都是遵循著同樣的規律：前兩個圖形中，相同位置有相同底紋的符號，轉移到第三個圖形中，且底紋明暗關係發生轉換，前兩個圖形中，不相同的符號則不出現在第三個圖形中。

5. 推理難題

答案：F。

曲線變成直線，直線變形曲線。

6. 圓盤難題

答案：B。

1 個紅色圓點變成 4 個藍色圓點；2 個藍色圓點變成 1 個紅色圓點了；整串圓點順

時針旋轉 72 度。

7. 混亂的圖形

答案：D。

整體形狀沿著水準線翻轉，其中每個帶有直線的圖形順時針旋轉 90 度，圓形形狀中的圓點消失。

8. 缺失的數字

答案：20。

如圖 11-19 所示，取鄰近兩個圓中的數字，若兩個數都是奇數，就相加；若兩個數是偶數，就相乘；若一個是奇數、一個是偶數，則相減。按上述規則運算，得數等於兩個圓重疊部分的數字。

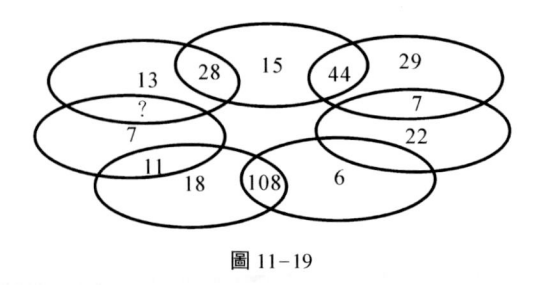

圖 11-19

9. 接下來是什麼？

答案：D。

長方形中的圖案依次向下移動一個位置，且五角星由黑色變成白色，反過來也成立。

10. 正方形難題

答案：39。

每個菱形中有三個數字，左邊數字與中間數字之積，再加上左面數字和右邊數字之和，得數即為菱形下方的數字（5×6+5+4=39）。

第八套 綜合思維訓練檢測答案

1. 線條理論

答案：D。

在其他各項中，垂線上方的橫梁數與下方的橫梁之積，都是偶數。只有 D 選項是奇數。

2. 數字大轉盤

答案：9。

在每個扇形中，外圈的兩個數字之積交替除以 2 和 3，得數等於對面扇形內圈的數字。

3. 圖案難題

答案：B。

菱形上面的小球變換了位置。

4. 劃撥圓點土地

答案：所分成的 7 部分如圖 11-20 所示。

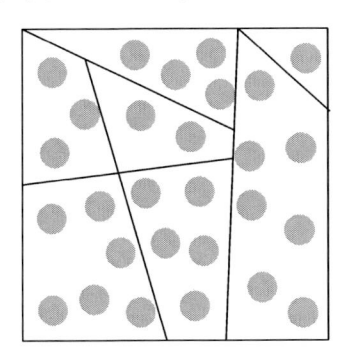

圖 11-20

5. 兔子的圍欄

答案：A. 有 8 條直線上有 3 只兔子；

B. 有 28 條直線上有 2 只兔子；

C. 6 只兔子排成 3 排且每排 3 只，可以排列如圖 11-21。

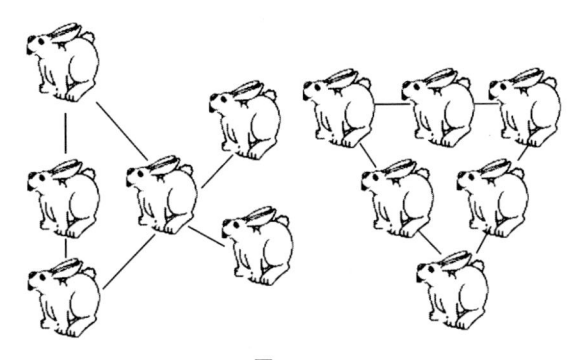

圖 11-21

6. 前後一致

答案：1 個完整的圓。

先沿著 4 個三角形的頂角，再順著 4 個三角形的底角，每個圓逐次被填滿四分之一，填滿整個圓後，再返回來，從填滿四分之一處重新開始。

7. 缺失的數字

答案：60。

數字規律為（上×左）+（上×右）= 中間，如此可得：(4×6)+(4×9)= 60；(3×6)+(3×8)= 42；(4×7)+(4×3)= 40；(5×5)+(5×4)= 45。

177

8. 類推難題

答案：D。

藍色變成綠色，綠色變成藍色，圖形是水準對稱關係。

9. 手提箱之謎

答案：B。

其他各個手提箱重量的數字，個位數和十位數相加都得 6。

10. 與眾不同

答案：E。

豎線條代表 1，橫線條代表 5，兩邊的豎線條之積等於中間的橫線條和豎線條之和。

第九套 綜合思維訓練檢測答案

1. 與眾不同的模塊

答案：D。

其他各組圖案中，上圖是彼此的旋轉圖形，下圖是彼此的鏡像圖形。但是，D 項的鏡像圖形卻是在上圖。

2. 車牌之謎

答案：JOL1747。

根據 26 個英文字母的位次，從車牌的第一個字母向前移 5 個位次即得到第二個字母，再後退 3 個位次即得到第三個字母；從第三個字母向前移 5 個位次，再後退 3 個位次，可得兩個字母。這兩個字母的位次數即為車牌的數字。

3. 文具難題

答案：喬安娜鋼筆上的圖案是小貓，蠟筆上的圖案是兔子，文具盒上的圖案是大象。

理查德鋼筆上的圖案是兔子，蠟筆上的圖案是大象，文具盒上的圖案是小貓。

托馬斯鋼筆上的圖案是大象，蠟筆上的圖案是小貓，文具盒上的圖案是兔子。

（1）喬安娜。

（2）大象。

（3）托馬斯。

（4）兔子。

（5）喬安娜。

4. 訓練火車司機

答案：

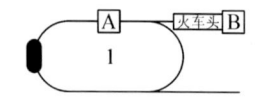

第一步

火車頭搭載上貨物 B 行駛到 A 處，倒車，然後運到如圖所示的位置，卸車。

第二步

火車頭搭載上貨物 A，行駛到如圖所示位置，卸車，然後火車頭穿過隧道，到達貨物 B 處。

第三步

火車頭搭載上貨物 B，倒車。

第四步

火車頭行駛到貨物 A 處，將 A 一起搭載上。

第五步

火車頭載著貨物 A 和 B 到達如圖所示的位置。

第六步

卸車後，火車頭環繞鐵軌一週，將貨物 A 搭載在車頭上。

第七步

將貨物 A 和 B 運送到如圖所示位置，將 B 卸下。

第八步

載著 A 倒車到如圖所示的位置。

第九步

將 A 卸下後，火車頭環繞鐵軌行駛到如圖所示的位置。

第十步

搭載上貨物 B 向貨物 A 處倒車。

第十一步

將貨物 B 運到如圖所示的位置，然後火車頭返回到原先位置。

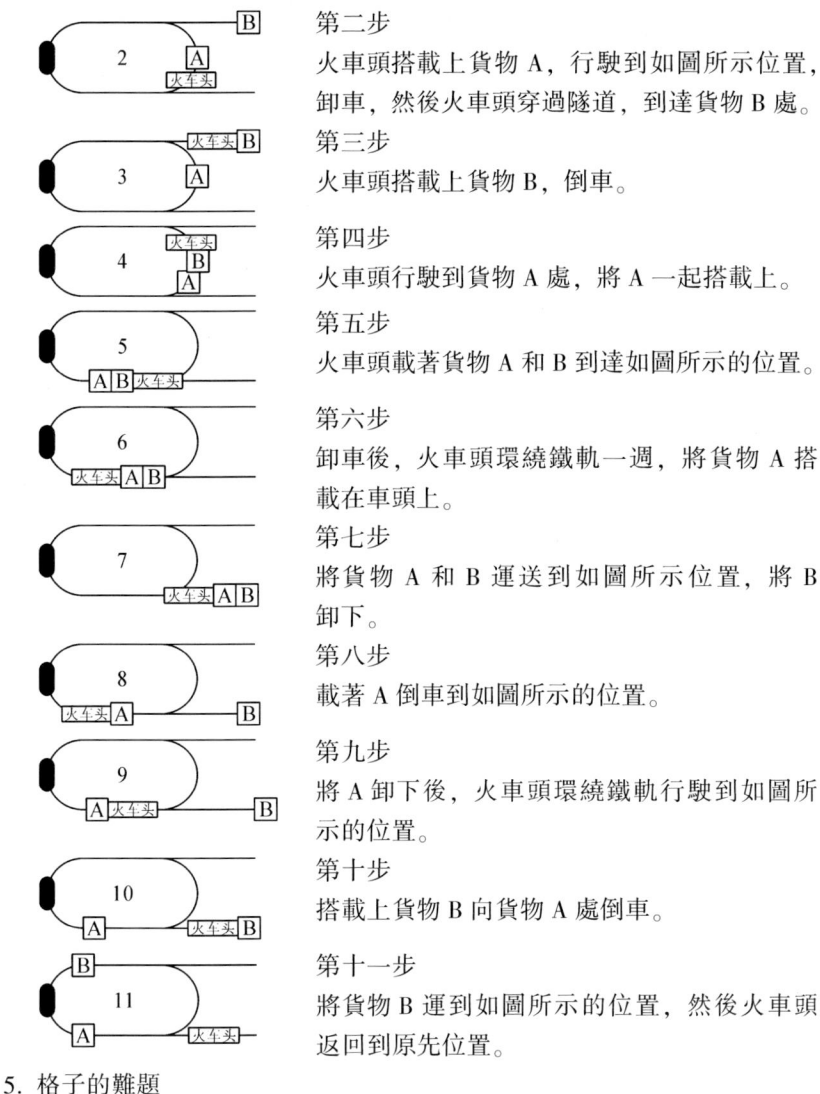

5. 格子的難題

答案：B。

每個圖形都是按順時針方向旋轉，相同位置的圖形每次旋轉的度數相同，有的旋轉 45 度，有的旋轉 90 度。

6. 格子游戲

答案：符號所代表的數值如圖 11-22 所示。

正方形 = 10

星號 = 18

三角形 = 24

創新思維案例

	A	B	C	D	E	F
1	19	31	31	26	12	12
2	28	■	57	43	29	17
3	37	✶	78	△	46	22
4	53	77	94	81	■	22
5	39	✶	△	64	34	22
6	30	42	47	38	17	5

圖 11-22

7. 阿爾加維的約會

答案：選在第五條路和第四條街的交叉點，沿著位於路軸線中點的人畫條線，然後畫一條線穿過位於街軸線中點的那個人，如圖 11-23 所示。

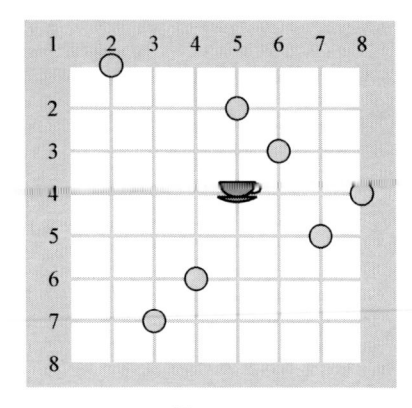

圖 11-23

8. 圓點難題

答案：圓點組成的圖案＝1，曲線組成的圖案＝3，空白＝5，直線組成的圖案＝7。

9. 圖畫之謎

答案：C。

圓中的圖形逐次做如下變化，三角形旋轉 180 度，大圓順時針旋轉 90 度，無色的小圓逆時針旋轉 45 度，橙色的小圓逆時針旋轉 90 度。

10. 數字的邏輯

答案：設 N 為前面的一個數字。

A. 35。（N+3），（N+6），（N+9），依次類推。

B. 1125。將前面的兩個數字相乘即得。

C. 94。（2N+3），（2N+6），（2N+9），依次類推。

D. 666。（N^2-10）

第十套 綜合思維訓練檢測答案

1. Zero 的軌道

答案：相當於地球 9 個月的時間。行星 Zero 繞繞行恆星一週的時間是行星 Hot 的 8 倍（根號下 4 的立方＝8）。

2. 汽車加油

答案：30。

根據 26 個英文字母的逆向位次數（Z＝1，A＝26），將車牌的字母值相加，再減去車牌中的三個數字之和，得數即為其加油量。

3. 不穩定的和平

答案：麥克菲爾遜族的人被安排在 5、6、7、8、9、12、16、18、19、22、23、24、26、27、30 的位次，在從 1 開始數，那麼所有的麥克菲爾遜族的人就會全部跳入水中。

4. 玫瑰之謎

答案：3。

把每個圓中的玫瑰形個數轉化成數字，每一行 4 個圓中的玫瑰形數組成一個 4 位數，用上邊的 4 位數減去中間的 4 位數，等於下面的 4 位數。

5. 圖案規律

答案：C。

這是一個從表格右上角出發、順時針螺旋的圖形序列，其排列規律是：2 個圓形、2 個正方形、2 個三角形、3 個圓形、2 個正方形、3 個三角形、1 個圓形、2 個正方形、1 個三角形依次循環排列。

6. 三角形的困擾

答案：14。

紫色是 2，黃色是 3，橙色 5，綠色是 6。將三角形各邊所代表的數字相加，得數即為三角形中間的數字。

7. 火車的軌跡

答案：C。

將火車編號的各位數字相加，得數即為英文單詞首個字母在 26 個英文字母表中的位次數。

8. 圖形轉換軌跡

答案：3 條直線的分法如圖 11-24 所示。

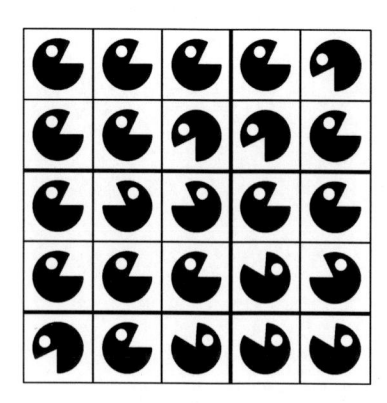

圖 11-24

9. 房子問題

答案：50。

窗戶+窗戶-門＝屋頂

10. 圖形變換

答案：A。

只有 A 裡邊含有不對稱的圖形。

國家圖書館出版品預行編目（CIP）資料

創新思維案例 / 李虹 主編. -- 第一版.
-- 臺北市：崧博出版：崧燁文化發行, 2019.05
　　面；　公分
POD版

ISBN 978-957-735-805-9(平裝)

1.創造性思考 2.創意

176.4　　　　　　　　　　　　　　108005649

書　　名：創新思維案例
作　　者：李虹 主編
發 行 人：黃振庭
出 版 者：崧博出版事業有限公司
發 行 者：崧燁文化事業有限公司
E - m a i l：sonbookservice@gmail.com
粉 絲 頁：　　　　　網　址：
地　　址：台北市中正區重慶南路一段六十一號八樓815 室
8F.-815, No.61, Sec. 1, Chongqing S. Rd., Zhongzheng Dist., Taipei City 100, Taiwan (R.O.C.)
電　　話：(02)2370-3310　傳　真：(02) 2370-3210
總 經 銷：紅螞蟻圖書有限公司
地　　址：台北市內湖區舊宗路二段 121 巷 19 號
電　　話:02-2795-3656　傳真:02-2795-4100　　網址：
印　　刷：京峯彩色印刷有限公司（京峰數位）

　　本書版權為西南財經大學所有授權崧博出版事業股份有限公司獨家發行電子
　　書及繁體書繁體字版。若有其他相關權利及授權需求請與本公司聯繫。

定　　價：299元
發行日期：2019 年 05 月第一版
◎ 本書以 POD 印製發行